ŒUVRES COMPLÈTES
D'EDGAR QUINET

# PREMIERS TRAVAUX

## INTRODUCTION
### A LA PHILOSOPHIE DE L'HISTOIRE

## EXAMEN DE LA VIE DE JÉSUS

PARIS
LIBRAIRIE HACHETTE ET Cⁱᵉ
79, BOULEVARD SAINT-GERMAIN, 79

# ŒUVRES COMPLÈTES

# D'EDGAR QUINET

LIBRAIRIE HACHETTE ET Cie

# ŒUVRES COMPLÈTES D'EDGAR QUINET

## en 30 volumes

Tomes.
- I. . . . Le Génie des Religions.
- II. . . . Les Jésuites. — L'Ultramontanisme.
- III. . . . Le Christianisme et la Révolution française.
- IV. . . ·⎱
- V. . . ·⎰ Les Révolutions d'Italie (2 volumes).
- VI. . . . Marnix de Sainte-Aldegonde. — Philosophie de l'Histoire de France.
- VII. . . . Les Roumains. — Allemagne et Italie.
- VIII. . . . Premiers travaux. — Introduction à la Philosophie de l'Histoire. — Essai sur Herder. — Examen de la vie de Jésus.
- IX. . . . La Grèce moderne. — Histoire de la Poésie.
- X. . . . Mes vacances en Espagne.
- XI. . . . Ahasvérus.
- XII. . . . Prométhée. — Les Esclaves.
- XIII. . . . Napoléon. Poème (Épuisé).
- XIV. . . . L'Enseignement du peuple. — Œuvres politiques. Avant l'Exil.
- XV. . . . Histoire de mes Idées (Autobiographie).
- XVI. . ·⎱
- XVII. . ·⎰ Merlin l'Enchanteur.
- XVIII. . ·⎱
- XIX. . ·⎰ La Révolution (3 volumes).
- XX. . ·⎰
- XXI. . . . La Campagne de 1815.
- XXII. . ·⎱
- XXIII. ·⎰ La Création (2 volumes).
- XXIV. . . Le livre de l'Exilé. — La Révolution religieuse au XIXe siècle. — Œuvres politiques pendant l'Exil.
- XXV. . . Le Siège de Paris. — Œuvres politiques après l'Exil.
- XXVI. . . La République. — Conditions de régénération de la France.
- XXVII. . L'Esprit nouveau.
- XXVIII. Vie et mort du Génie grec. — Appendice. Discours du 29 mars 1875.
- XXIX. . ·⎱
- XXX. . ·⎰ Correspondance. Lettres à sa mère (2 volumes).

Lettres d'Exil d'EDGAR QUINET (4 volumes), Calmann Lévy, éditeur, 1885.

## OUVRAGES DE Mme EDGAR QUINET

Mémoires d'Exil (2 volumes), éditeur Lacroix, 1868 (Épuisés).
Paris, journal du Siège (1 volume), éditeur Dentu, 1873.
Sentiers de France (1 volume), éditeur Dentu, 1875.
Edgar Quinet avant l'Exil (1 volume), éditeur Calmann Lévy, 1888.
Edgar Quinet depuis l'Exil (1 volume), éditeur Calmann Lévy, 1889.
Le Vrai dans l'Éducation (1 volume), éditeur Calmann Lévy, 1891.
Ce que dit la Musique (1 volume), éditeur Calmann Lévy, 1893.
La France Idéale (1 volume), éditeur Calmann Lévy, 1895.

Paris. — Imp. PAUL DUPONT (Cl.) 468.7.95.

ŒUVRES COMPLÈTES
D'EDGAR QUINET

# PREMIERS TRAVAUX

INTRODUCTION

A LA PHILOSOPHIE DE L'HISTOIRE

EXAMEN DE LA VIE DE JÉSUS

PARIS
LIBRAIRIE HACHETTE ET Cⁱᵉ
79, BOULEVARD SAINT-GERMAIN, 79

# PRÉFACE

L'édition populaire, en trente volumes, des *OEuvres complètes* d'Edgar Quinet est terminée. Commencée au milieu des plus grandes difficultés et des sombres appréhensions de l'année 1877, elle s'achève en plein triomphe de la République.

Depuis cinq ans, je consacre à cette tâche tout mon temps, toutes mes forces, pour accomplir un des derniers souhaits de mon mari. C'est lui qui a désigné d'avance le type d'impression, le format, la classification des écrits divers réunis dans un même volume. J'ai observé l'ordre chronologique, autant que le permettait la nature des sujets si variés qu'il s'agissait de grouper ensemble.

Par la date des travaux, ce volume est le tome I des *OEuvres complètes,* car il précède *le Génie des religions ;* il renferme les premiers essais philosophiques d'Edgar Quinet :

1° *L'Introduction à la philosophie de l'histoire de l'humanité* (1825), qui a attiré sur le jeune écrivain l'attention de Gœthe et de Chateaubriand;

2° *L'Examen de la vie de Jésus,* publié en 1838, mais qui se rattache au même ordre d'idées ;

3° Plusieurs opuscules, écrits en Allemagne : *l'Essai sur Herder, l'Origine des dieux, l'Avenir des religions.* Enfin *l'Église de Brou,* et les deux thèses de doctorat, la *Thèse de philosophie* et la *Thèse latine.*

Toutes ces études préliminaires, de 1828 à 1838, marquent des tendances identiques de critique religieuse, et un même but: L'HISTOIRE DES RELIGIONS. Il l'a réalisé dans le Cours de Lyon, au Collège de France et dans ses grands livres qui en sont le développement.

*Le Génie des religions, les Jésuites, l'Ultramontanisme, le Christianisme et la Révolution française, les Révolutions d'Italie, Marnix de Sainte-Aldegonde, l'Enseignement du peuple* forment un vaste ensemble, par l'enchaînement historique des faits et par la progression hardie des idées. Nous voyons le point de départ dans *l'Introduction de 1825* ; quant au dernier mot sur cette question capitale, Edgar Quinet l'a prononcé dans la *Révolution religieuse au dix-neuvième siècle* (1).

Veuve Edgar Quinet.

(1) Voyez *le Livre de l'Exilé.*

Paris, 14 juillet 1882.

# INTRODUCTION

A LA

## PHILOSOPHIE DE L'HISTOIRE DE L'HUMANITÉ

# AVERTISSEMENT

J'avais vingt et un ans lorsque j'ai écrit cette introduction. Le lecteur me pardonnera de mettre ces premières pages sous la protection du nom de Goethe. C'est seulement après sa mort que j'ai su que ce grand homme n'avait pas dédaigné de recommander cet essai à l'attention publique, par l'article suivant de son ouvrage, *Art et Antiquité* :

« Nous recommandons l'introduction dont le traducteur a fait précéder son travail, à ceux qui ont pour mission de tenir le public au courant des œuvres nationales et étrangères. Cette introduction, aussi bien que la traduction elle-même, nous a fourni matière à de belles considérations.

Nous nous contenterons d'en indiquer une seule. Un ouvrage composé en Allemagne, il y a plus de cinquante ans, influe d'une manière incroyable sur la culture de notre nation. Aujourd'hui que cet ouvrage a produit parmi nous ses principaux résultats, le voilà qui reparaît en France dignement apprécié. Là il agira avec la même puissance sur une nation placée dans la civilisation à un degré aussi élevé. Il exercera l'influence la plus humaine sur la masse qui aspire à de plus vives lumières (1). »

La jeunesse sera mon excuse, si je me suis précipité, dès le premier pas, avec témérité dans les questions les plus profondes de la destinée humaine. Je ne puis m'empêcher de voir que tout ce que j'ai écrit depuis ce jour-là était renfermé dans cette première ébauche : la liberté conçue comme fondement et substance de l'histoire civile ; l'ordre moral qui domine le chaos des événements ; le règne de la conscience s'élevant au-dessus des règnes aveugles de la nature ; l'humanité représentée et enveloppée en germe dans chaque homme ; l'individu qui réfléchit les destinées de l'espèce ; la perception confuse de l'humanité

(1) Gœthe, t. XLVI, p. 173.

antérieure dans chaque homme qui vient au monde ; toutes ces idées n'ont fait que s'affermir en moi, à mesure que j'ai vécu. Et que servirait de vivre si l'âge mûr ne confirmait la jeunesse, si la vieillesse ne confirmait l'âge mûr ? C'est alors que nous serions un roseau, et le plus misérable de tous.

Edgar Quinet.

Bruxelles, 3 juin 1857.

# INTRODUCTION

A LA

## PHILOSOPHIE DE L'HISTOIRE DE L'HUMANITÉ (1)

---

### I

C'est une grande gloire pour les peuples modernes d'avoir conçu l'histoire universelle. Ce point de vue transcendental est resté entièrement inconnu des anciens ; ils se confiaient trop fermement dans l'état présent des choses, ils avaient vu trop peu de ruines, pour penser jamais que les annales du monde eussent à révéler d'autre vérité que le maintien de la loi contemporaine. Au commencement, quand les nations, avec une énergie naissante, s'établirent sur un sol jeune comme elles, à peine si elles croyaient devoir mourir un jour ; et chacune d'elles, se faisant le centre et le but de l'univers, se proposait elle-même à l'adoration du genre humain. Mais, quand chacune de

(1) 1825.

ces idoles eut péri à son tour, le monde qui leur avait donné sa foi commença à s'inquiéter et à chercher au delà le prix du sang versé et des travaux des générations qui avaient précédé. Alors, pour tout achever, apparut une croyance nouvelle, qui transporta les esprits par delà les limites de l'espace et du temps, en sorte qu'en contemplant l'immuable et l'absolu, on se mit à s'effrayer de tout ce qui n'est pas éternel. De ce jour, on fut moins avare des siècles : on comprit qu'ils pouvaient être prodigués sans danger ; et les empires, qui jusque-là semblaient si permanents, remplirent les âmes d'épouvante par la brièveté de leur existence et la rapidité de leur chute. La pensée ne se reposa plus sur chacun d'eux isolément. Pour combler le vide, on les ajouta les uns aux autres ; on les embrassa tous d'un même regard. Ce ne furent plus des individus qui se succédèrent les uns aux autres, mais des êtres collectifs qu'on resserra dans d'étroites sphères. Puis, voyant que cela encore ne servait qu'à manifester le néant, on s'appliqua à chercher s'il n'y aurait pas du moins, au sein de cette instabilité, une idée permanente, un principe fixe autour duquel les accidents des civilisations se succèderaient dans un ordre éternel. Comme on avait ramené la vie individuelle, ou la carrière d'un peuple, à une pensée dominante, dont l'une ou l'autre était le développement, on s'étudia à coordonner la succession des empires à une seule et même loi.

Et parce que le fait qui venait de donner cette haute direction à l'histoire, presque réduite sous l'influence du despotisme à la forme incomplète et dégradée de la biographie, était d'une nature prodigieuse, l'univers resta promptement convaincu que c'était là le but qu'il cherchait et la grande pensée qu'il avait à accomplir. On crut apercevoir qu'une main invisible poussait de toutes parts les hommes et les empires à servir les progrès de la loi du Christ; qu'au-dessus des circonstances locales, des développements individuels, une destinée commune ramenait tous les phénomènes du monde civil à cette grande œuvre de la Providence. Cette idée est la première qui ait marqué l'histoire d'un caractère philosophique, parce qu'elle assignait aux actions humaines un but, un enchaînement, un élément de fixité. On en découvre les traces dans les Méditations de saint Augustin. Déjà cette pensée est clairement développée par Eusèbe et par Sulpice-Sévère : rien n'est plus facile que d'en suivre les grossières applications dans toute la suite du moyen âge, jusqu'à ce qu'elle vienne tomber aux pieds de Bossuet (1). Comment il l'a recueillie on le sait,

---

(1) Voyez la *Philosophie de l'Histoire de France.*

et par quel art l'histoire du genre humain devint une sublime épopée qui a son commencement, ses péripéties, son unité, son merveilleux, et dont la manifestation du Dieu-Homme est le digne dénouement.

Ainsi la même croyance qui avait agrandi la sphère de l'histoire se posa elle-même comme centre de toutes les activités humaines ; le christianisme proposa le problème de la nouvelle science, et la solution qu'il en donna, ce fut le fait de son existence. Tant que la conscience admit ce fait comme une conviction primitive, essentielle, inhérente à sa nature, cette solution fut admirable. Car quelle autre destinée pouvons-nous imaginer digne de l'univers, si ce n'est de voir l'Être éternel, infini, s'associer à lui, influer sur ses formes et marcher avec lui ? Aujourd'hui même que le génie de l'analyse et le scepticisme semblent avoir tout changé, nous n'avons pas d'autre croyance historique. Seulement ce qui était particulier est devenu général ; ce qui avait été touché au doigt est devenu impalpable ; ce qui avait paru dans tel lieu, dans tel siècle, est devenu l'œuvre de tous les lieux et de tous les siècles. Mais, nous aussi, nous croyons que les tribus de Jacob, que les anciens peuples des bords de l'Euphrate, que les Ammonites et les Moabites sont tous entraînés, par une loi unique, à la révélation de Dieu, c'est-à-dire à la raison, à la justice, à la liberté, exprimées par des formes. De plus, nous savons que la couronne d'épines, que l'hysope et le fie lne seront point épargnés ; s'ensuit-il qu'aucun de nous se repose dans le sein de l'absolu, avec moins de confiance que le disciple bien-aimé sur l'épaule de *celui qui allait être immolé*?

De tous les êtres soumis aux forces organiques, l'homme seul a la conscience des temps qui ont précédé son individualité ; avec lui vivent sur la terre des millions de créatures pour qui les annales de l'univers remontent à un jour, à une heure d'antiquité. L'homme seul ne mesure pas le développement des choses sur la succession fugitive des impressions qui se sont multipliées pour lui. En vain, dans son cercle restreint, la douleur, la haine, les affections diverses, ont laissé dans son souvenir de longues, de brûlantes empreintes ; il classe tout cela, impartialement, dans l'échelle immense des âges et des destinées. Dans sa nature complexe, il sent en lui, il reconnaît en lui l'œuvre combinée des siècles. Seul, il sait qu'avant qu'il fût né, des êtres semblables à lui ont préparé, à leur insu, la place qu'il occupe aujourd'hui dans le temps. Seul, il sait qu'il meurt, et que tout lui survit, et l'univers qui le repousse, et l'humanité dont il fait partie. Quels seront les formes et les individus qui se reproduiront après lui ? il l'ignore.

Mais il sait qu'au-dessus des formes qui passent s'élève la puissance de la raison, de la justice, de la liberté, qui vont s'accroissant de chaque année qui s'écoule, de chaque vertu qui s'exerce en silence. Produit des âges, l'humanité, être impalpable, toujours mouvant, toujours changeant, explique toutes les existences en les absorbant toutes ; et l'empire qui s'écroule, et le cœur qui se brise, vont l'un et l'autre se perdre dans son sein, et le modifier de leur substance. Ainsi la mort n'est plus qu'une transformation ascendante, la vie des peuples qu'un court moment dans la vie universelle, une feuille d'un arbre, une page d'un livre, où nous nous efforçons de déchiffrer l'instant présent à travers les révélations du passé.

Au reste, il ne suffisait pas d'avoir conçu l'histoire de l'humanité. Comme tout système qui n'est pas renfermé dans un fait primitif, l'histoire, considérée scientifiquement, ne peut se servir à elle-même de point de départ. Tant qu'elle se présente isolée, sans connexion établie avec un point fixe, une vérité éternelle, dont elle est le développement externe, elle n'est qu'une collection de formes : pittoresque, dramatique, sans doute ; mais la plus frêle, la plus variable, la plus précaire de toutes, elle ne vit que de contradiction et d'incertitudes, toujours prête à se récuser et à s'égarer, si ses témoignages éphémères viennent à lui

manquer. Dans les autres classes de faits, quelque
contingents qu'ils puissent être, on aperçoit du
moins, dans un lieu de l'espace et du monde réel,
des manifestations présentes, qui ont avec eux
des rapports nécessaires. Mais, ici, où est le lieu
des corps, où est l'objet qu'on puisse toucher?
L'homme a conservé de ses anciennes années des
souvenirs qu'il raconte avec complaisance. Peut-
être, combien de faux leurres, d'espérances fugitives ne prend-il pas, à son insu, pour des événements réels ! Ce qui n'a jamais eu vie sur la terre,
que sais-je, un fantôme éphémère, une image décevante, qui un jour est apparu à la pensée, tout
cela vaut la réalité, qui a le plus opprimé le monde
de son poids ; et rien dans l'histoire ne distingue
l'être du non-être ; et ils subissent des phases,
des altérations semblables ; ils se rapprochent, se
mêlent, se confondent ; tant nos passions les plus
brûlantes laissent de faibles empreintes sur les
objets, et si promptement les traces de l'homme
sont effacées par le souffle des âges ! C'est un
monde qui ne m'instruit de sa présence que par le
bruit de sa chute ; sa loi est de changer ; son
essence est de n'en avoir aucune. Si le retentissement de ses ruines venait à s'arrêter, je ne saurais plus rien de lui ; bien plus, il aurait cessé
d'être : sous peine de disparaître il faut qu'il ne
conserve pas même une apparence de durée ; chose

étrange, son existence ne se révèle qu'en révélant son néant.

Restait à fonder la science en introduisant dans l'histoire des éléments de fixité, en donnant un caractère de consistance aux phénomènes jusque-là éphémères, presque insaisissables, dont elle se composait. Or ce n'était point du sein de l'instabilité, ni du chaos des âges, que pouvaient sortir l'immuable et l'éternel. Le désordre ne pouvait pas lui-même enseigner l'ordre universel. Il fallait sortir du cercle des vicissitudes, quitter les formes précaires des empires et des faits traditionnels, remonter par delà les traces de la civilisation, devancer l'expérience de l'humanité, jusqu'à ce que l'on vînt à rencontrer un être, un fait irrécusable qui eût avec elle, même avant qu'elle fût, les rapports que la loi conserve éternellement avec le phénomène, non encore existant, qui doit servir un jour à la manifester. Jusque-là, flottante au hasard, au milieu de la confusion des scènes historiques, et des vaines images de la tradition, à peine la pensée est-elle remontée à l'essence des formes et des mouvements des peuples, qu'elle s'y arrête avec joie. Il ne s'agit point ici de quelques règles passagères que l'humanité peut rejeter, quand le mouvement progressif a détruit l'harmonie qui existait entre elles et la raison générale. Conséquences nécessaires d'un fait inaltérable comme elles, sans jamais ni diminuer, ni grandir, ces règles étaient avant que fussent les empires et les langues. Par elles, les temps ont un lien, les générations un but ; l'énigme du genre humain s'explique à mesure que les phénomènes, naguère si frêles, empruntent de leur concordance avec le monde des idées une consistance et une valeur réelles. La loi que les faits expriment dans l'univers visible les marque de son sceau ; elle pénètre tout le système des actions humaines, pour leur donner véritablement l'être. Ce ne sont plus de purs symboles que les siècles se renvoient en passant. Brisez-les, vous trouverez la loi ; la loi qui les conserve intacts, qui répand en eux la force, la sagesse, l'ordre et l'harmonie.

Je ne sais rien au monde des choses qui m'ont précédé dans le temps. Jamais ma pensée n'a remonté plus loin que les souvenirs de mon enfance. Ce que furent mes pères, je l'ignore entièrement. Jamais les noms de Rome, d'Athènes, de Jérusalem, n'ont frappé mes oreilles : jamais mon cœur ne s'est ému pour Sydney, Jeanne Gray, Thémistocle, Philopœmen. J'ai rencontré sur mon chemin des ruines, sans m'inquiéter de demander à personne pourquoi elles sont là, et qui les y a laissées. Sans doute j'aurai perdu ainsi beaucoup de consolations dans mes misères, et d'imposantes leçons dans mes égarements. Mais enfin, si, au sein de cette ignorance, je connais la loi suprême des nations, le type idéal de leurs diverses périodes, si je suis arrivé jusqu'à l'essence même des mouvements et des formes ; si, en supposant que des empires m'aient précédé dans la durée, je puis dire quelle est la pensée, l'élément rationnel qu'ils ont manifesté ; cette connaissance, la seule que j'aie, mais éternelle, immuable, qui m'est coexistante, et qui sera encore quand je ne serai plus, est-elle, au fond, moins parfaite que la vôtre, vous qui avez prêté votre pensée à toutes les vicissitudes des âges, à tous les concours des images les plus fugitives, qui avez composé votre science de contingences éphémères, d'individualités toujours défaillantes que ni vous ni moi ne pouvons ni rappeler ni prolonger un seul instant ?

## II

Ainsi tombée dans les bornes du monde, la *science nouvelle* dut en subir les lois. Jusque-là errante, indécise, plus ou moins mêlée aux questions du jour et du lendemain, il fallut que l'esprit humain la revêtit de ses formes, et que, fidèle à ses deux méthodes, il la marquât d'une double empreinte. L'éternel débat de l'Académie et du lycée, du spiritualisme et de la sensation, s'étendit à l'histoire, et enferma dans sa querelle un nouveau concours d'objet. Deux hommes parurent alors, Vico et Herder, qui représentent chacun à sa manière les deux écoles qui venaient de naître, et qu'ils avaient créées. Tous deux pleins de génie, zélés novateurs, puissants par l'âme et les convictions : l'un enthousiaste avec méthode, recueilli dans sa force, concis, nerveux jusqu'à la rudesse ; l'autre, éclatant de poésie, brillant de jeunesse et d'aspirations, paré comme la nature qui le séduit par les formes, riche, abondant, sans obscurités, sans mystères, mais non pas sans profondeur ; il était permis de penser que leur cortège serait nombreux et leur influence immédiate. Mais, soit qu'ils eussent devancé le monde de quelques pas, soit que l'ancienne lutte, venant alors à se réveiller, ait tout entraîné dans sa sphère, il est certain qu'il ne leur resta qu'un petit nombre de disciples, et aujourd'hui même leur gloire est loin d'être égale à leur génie.

Qu'a fait le Napolitain Giambattista Vico ? Le premier, il a posé les lois universelles de l'humanité. De la représentation il s'est élevé jusqu'à l'idée, des phénomènes jusqu'à l'essence. Frappé du principe de la nature identique de toutes les nations, il a rassemblé les phénomènes qui sont communs à chacune d'elles, dans les diverses périodes de la durée ; et, leur ôtant la couleur et l'individualité, il a composé de leur ensemble une histoire abstraite, une forme idéale, qui tient de tous les temps, se reproduit chez tous les peuples sans en rappeler spécialement aucun. Ce qui nous apparaît de la succession des nations, de leur naissance, de leurs développements, de leur grandeur, de leur chute, n'est que l'expression du rapport du monde avec cette indestructible cité. Elle s'abaisse vers lui et le marque de son empreinte ; de là, une suite indéfinie de ruines, d'empires naissants, de trônes brisés, de changements, de débris qui tous ont leurs représentations dans l'absolu. Les peuples, à mesure qu'ils se succèdent dans l'ordre des temps, entrent en rapport avec cette cité idéale, et s'établissent dans son enceinte ; ils la parent de leurs couleurs, et, pendant qu'ils existent par elle et en elle, ils lui communiquent en retour un mouvement apparent ; ils la revêtent de tous les emblèmes que des époques diverses leur ont apportés : ils promènent quelque temps leur gloire ou leur misère, dans ses immuables labyrinthes ; ils font entendre en passant leurs voix sous ses voûtes silencieuses ; quand ils périssent ; elle ne périt point : elle se dégage de leurs ruines, et reparaît toute radieuse dans la région des idées.

Cependant, où trouver ces annales impérissables qu'aucune main n'a écrites, qu'aucune tradition n'a portées jusqu'à vous ? — Dans le fait de la Providence, manifesté sur la terre par les lois de la pensée humaine. C'est dans ce système du monde intelligible, partout identique à lui-même en son essence, que reposent les idées qui donnent aux nations leurs formes et leur mode d'existence. Livrés tout au présent, les peuples et les civilisations s'agitent, se heurtent, se précipitent dans le temps ; mais ces idées mères restent immuables dans un inaltérable repos. Quand tout disparaîtrait sur la terre, empires, monuments, noms épars, ruisseaux de sang, elles n'en existeraient pas moins ; et cette histoire qui les renferme ne serait pas pour cela moins remplie, ou plus impossible à tracer ; car si les faits s'introduisent dans ces annales de la cité des idées, ils ne sont pourtant que de purs symboles qui confirment la science, sans lui servir de fondements (1).

Imaginez quelque méthode contraire en tout à celle de Vico, ce sera la méthode de Herder. Si le premier donne pour point d'appui à la série des actions humaines la pensée dans sa sublime essence, le second s'élève de la manifestation la plus grossière de l'être matériel ; il enchaîne dans une seule idée, partout présente et partout modifiée, l'espace qui renferme les forces de la création, et le temps qui les perfectionne en les développant. Depuis la plante qui végète, depuis l'oiseau qui fait son nid, jusqu'au phénomène le plus élevé du corps social, il voit tout procéder *à l'épanouissement de la fleur de l'humanité*, les mondes se débrouiller du chaos, l'être organique préparer, par des modifications successives, la substance dont les siècles s'emparent pour l'élaborer à leur tour. Par quel enchaînement merveilleux toutes les formes se préparent l'une l'autre ! Dans cette série immense, tous les intervalles sont remplis ; des êtres mixtes servent de transition entre des natures entièrement dissemblables. Chacun remplit sa mission en développant ses germes, en

(1) Vico, *Scienza nuova d'intorno alla commune natura delle nazioni*. 1725.

produisant ce qu'il peut produire. De plus, ce mouvement des choses n'est pas un vain conflit de pouvoirs, qui se limitent et s'altèrent sans que de là ne ressorte une idée dominante, que chaque être accomplit dans sa sphère. Si aucune activité n'est en repos, aucune n'est rétrograde, Par une identité admirable, les forces vives s'avancent toutes d'une forme inférieure à une forme supérieure, de la pierre à la plante, de la plante à l'animal. En suivant ainsi la marche des choses, Herder recueille en passant toutes les analogies que lui présentent les divers degrés de la création ; et quand, enfin, il arrive sans secousse, par une voie uniforme, jusqu'à l'homme, il n'a point à s'étonner de ses merveilles : il reconnaît en lui l'être que préparait, qu'annonçait le concours des formes et des instincts qui se sont succédé devant lui.

A peine s'est-on élevé jusqu'au premier élément de l'humanité, que le système prend un caractère singulièrement neuf et hardi. La création se divise dès lors en deux mondes. Immobile comme l'espace où il déploie ses pouvoirs, l'un a beau changer ses saisons, ses climats, ses fléaux, ses bienfaits ; identique à lui-même, ce mouvement apparent n'est rien qu'un éternel repos. L'autre, qui est le monde civil, se meut dans le temps, et n'est pas moins changeant que lui. Il fuit d'une aile rapide, il s'égare, il se brise, il se recompose, il grandit, il diminue. Variable à l'infini, le suivez-vous dans sa course, il vous épuise en vains détours, sans que vous sembliez approcher d'aucun but ; détournez-vous les yeux, bientôt vous avez peine à le reconnaître, tant ses premières formes ont reçu de développements.

Herder fait naître ces deux mondes l'un de l'autre, ou plutôt il n'en fait qu'un seul et même être. Si les lois physiques ont construit l'univers, les lois de l'humanité ont construit le monde de l'histoire. Or, comme l'homme n'est dans sa nature multiple que l'abrégé le plus complet, et, pour ainsi dire, le point central de toutes les forces organiques, les lois de son espèce ne sont autres que celles de la création inerte, qui vont de toutes parts se réunir en lui, pour se manifester sous des formes correspondantes, Si la nature s'efforce à travers mille modifications, d'élever son ouvrage jusqu'à la puissance de la pensée, celle-ci poursuit la voie du perfectionnement à travers les vicissitudes des siècles et des civilisations ; il y a, dans cette chaîne non interrompue, à la fois correspondance dans les phénomènes, unité dans la loi.

De là Herder n'arrive point brusquement au milieu des mouvements de l'histoire. Il commence par étudier la scène avant qu'elle soit remplie, et que le tumulte des événements l'empêche de marquer avec précision les accidents du sol. La demeure de l'homme détermine déjà, par les circonstances du voisinage, des habitudes qui deviennent des lois. Avant qu'aucune action humaine eût paru dans le monde, les chaînes des montagnes, les replis de terrain, les sinuosités des rivières et des fleuves, marquaient déjà en traits ineffaçables la physionomie future de l'histoire. C'est avec un admirable instinct que Herder suit le contour des rochers et des fleuves, qu'il s'égare dans les déserts, qu'il pénètre d'un regard tout l'intérieur d'une contrée, pour retrouver dans la nature externe le premier mobile des penchants et des déterminations des peuples. Au milieu de cette nature toute nouvelle, où aucun sentier n'est encore tracé, la marche est si bien assurée, les couleurs sont si vives, si pénétrantes, que cela rappelle les premiers jours du monde naissant, quand l'Éternel montrait à l'homme sa demeure, et lui apprenait le nom des animaux qui l'entouraient, et des fleurs qu'aucun souffle n'avait encore flétries. Un illustre voyageur (1) cite les descriptions des zones par Herder comme des chefs-d'œuvre inimitables de vérité et d'éloquence pittoresque. On comprend, en effet, qu'il doit y avoir plus d'un rapport entre

(1) M. de Humboldt.

le génie qui pénètre la physionomie morale des peuples qui ne sont plus, et celui qui pressent les convenances naturelles et l'aspect d'une contrée qu'il n'a point visitée.

Mais où est le personnage qui doit remplir la scène? La terre est encore nue et désolée ; il faut qu'il surgisse du sein des forces qu'elle renferme, et cela sans que nous perdions de vue un seul instant la chaîne des choses qui le précède et qui nous sert d'appui. Sans doute, il a en lui des aptitudes, des instincts propres qui expliquent d'avance le long drame qu'il est appelé à représenter. Je ne puis dire quel intérêt le tableau physiologique des facultés humaines emprunte d'un pareil point de vue. Les puissances de l'humanité sont encore oisives, il est vrai ; mais déjà on aperçoit de loin le mouvement confus et la scène agitée qu'elles présagent. L'anatomie s'élève ainsi à la plus haute philosophie et aux plus grands effets d'éloquence. C'est avec attention que l'on écoute les battements du cœur, que l'on suit la direction des fibres et tous les détails de l'organisation, quand la correspondance a été marquée entre ces faits, en apparence si restreints, et les lois suprêmes qui ont présidé aux révolutions des âges. Souvent, avant Herder, on avait fait la description générale des facultés natives de l'Homme. L'œuvre du génie, la pensée à jamais originale qui survivra à toutes les variations des sciences, a été d'unir intimement cette description aux développements de l'histoire pour y servir de base. C'est de là que Herder s'élève pour déterminer les limites de l'humanité et marquer ses diverses époques ; il l'environne de caractères fixes, il la soumet à des lois générales qui doivent répondre à tous les cas ; il lui trace l'itinéraire de son long voyage ; après quoi, il la suit des yeux sur un sol ferme dont il connaît d'avance les accidents et les détours.

Quelle que soit la hardiesse de ces méthodes, comme déjà elles sont vaguement répandues dans les esprits, et que le siècle est près de les proclamer, nous nous étonnons moins aujourd'hui de leur résultat que du peu de gloire qu'ont acquis parmi nous les génies qui les ont aperçues. Car telle est la marche des choses, quand le temps est venu pour une grande idée : il se trouve en avant des siècles, comme égaré dans ses rêveries, un homme qui la recueille dans sa pensée, qui lui marque ses limites, qui lui élève un monument dans le désert ; après quoi, il faut qu'il meure. Mais après lui, au-dessous de lui, arrive le monde, qui poursuit sa carrière avec sérénité jusqu'à ce que, venant à rencontrer des empreintes inconnues là où il ne croyait laisser que les siennes, il commence à s'étonner et à se demander comment de telles puissances ont pu passer au milieu de lui sans qu'aucun bruit l'ait averti. Et, là-dessus, il se livre à diverses conjectures, semblable au voyageur qui, perdu dans une île déserte, se met à tressaillir s'il aperçoit sur le sable d'autres traces que les traces de ses pas.

Si le point de départ de Vico est plus solide que celui de Herder, c'est une question qui rentre dans le domaine de l'ontologie. Qu'il nous suffise ici de montrer que le philosophe allemand n'a pu, dans son système, résoudre pleinement le problème de l'histoire, et que ce génie consciencieux a été obligé de dévier, à son insu, de ses propres principes.

Quand, sorti de l'atelier de la nature créatrice, le genre humain, semblable à la statue de Pygmalion, commença à s'animer et respirer, il n'eut d'abord, comme elle, qu'un sentiment confus de son être, qu'il confondit avec tous les objets environnants, se soumettant à leurs lois comme à sa loi, prenant leur destinée pour sa destinée, leur essence pour son essence, sans que son regard encore troublé pût déterminer les limites de sa nature. Ne s'étant point encore distingué du reste des êtres, l'homme n'avait pas d'histoire, ou plutôt la sienne faisait partie de celle du monde physique; tout se réduisait à une description de l'individu, dans laquelle n'entraient pour rien, ni la différence des temps, ni la succession des générations, ni divers accidents de la vie primitive, des arts que le hasard faisait naître, des luttes sanglantes, des associations fortuites. Or, pour sortir de cet état de choses, quelle est la loi que Herder a établie ? *L'humanité n'est et ne fut partout, conformément aux circonstances du temps et du lieu, que ce qu'elle pouvait être, et rien que ce qu'elle pouvait être.* Avec cette loi, réduite à elle seule, le mouvement semble impossible.

On conçoit, en effet, qu'à peine la destinée de l'homme eut été séparée de celle de l'univers, par un acte, par une pensée, non seulement il se trouva sorti d'une sphère où il ne devait plus rentrer, mais jusqu'à un certain point il renferma en lui la succession entière des tribus et des empires. Arrivée sur les traces de cet homme, la génération qui le suivit, empressée de recueillir son œuvre, entra dans un système différent de ceux qui l'avaient précédée; il y avait entre elle et ce qui n'était pas elle une relation que ses prédécesseurs n'ayant point connue n'avaient pu exprimer : voilà une première innovation dans le monde civil; toutes les autres en découlent. Le branle est donné. La première génération modifiée, altérée, modifie, altère, à son tour, celles qui la suivent. Du mélange de son propre génie avec la tradition, sort un résultat nouveau qu'elle lègue à ses descendants;

ceux-ci modifient à leur tour la combinaison qui s'est présentée à eux, et la trace qu'ils laissent à d'autres n'est ni la tradition primitive, ni l'héritage de leurs pères, mais un troisième résultat composé des deux précédents.

Au contraire, avant que ce premier pas eût été fait, quand l'humanité, sous la forme la plus abjecte, n'existait pas encore, et que, captive et enchaînée sous le règne des sens, elle n'avait fait aucun effort pour sortir de cette sujétion, l'homme, sans langage, sans religion, sans société, avait pour toute tradition l'éternelle loi de la création inerte qu'il reproduisait incessamment, sans avancer d'un seul degré. Son action, résultat nécessaire du monde physique, se bornait à en réfléchir l'image : immobile au sein d'un changement apparent, l'humanité croissait ou décroissait, s'animait ou végétait avec l'univers matériel. Sans lui rien ajouter, sans lui rien retrancher, elle était lui sous une autre forme. Qu'elle apparût ou non, il n'y avait pas un seul système de plus ou de moins dans le système général des choses. En la rencontrant, les générations suivantes rencontraient le monde aveugle ; ainsi, roulant dans la même sphère, réduites à se multiplier incessamment sans que la valeur augmentât jamais, leurs obscures annales ne faisaient qu'exprimer un rapport toujours identique.

La première impulsion ne vint pas de la nature extérieure, elle ne vint pas de l'homme. D'où est-elle partie? D'une puissance étrangère à l'un et à l'autre. Telle est la conséquence où Herder a été conduit. Dans l'impossibilité de donner le mouvement à cet être qu'il a si profondément lié à l'organisme, partout où il aperçoit un élément de perfectionnement, la parole encore grossière, des rites religieux, un premier degré de civilisation, il prononce que la tradition a fait ces prodiges; non pas une tradition locale que chaque peuple voit naître et se développer dans son sein, qui lui appartient en propre et n'appartient qu'à lui; mais une révélation première, fondamentale, qui, donnée dans tel lieu, dans tel temps, s'est répandue de là, sous mille formes différentes, chez toutes les nations cultivées. Les peuples même les plus grossiers en ont quelque connaissance, dès qu'ils sont parvenus à une loi morale, à une sorte de langage et de culture : jusque-là leurs facultés, quelque grandes qu'elles puissent être, ne sont point éveillées; l'image de la pensée divine, vaguement répandue dans leur être, s'efforcerait en vain de se dégager et de se manifester au dehors par une série d'actes perfectibles.

Ainsi, il faut, d'après Herder, qu'il y ait eu un point dans l'espace, un moment dans le temps, où Dieu se soit communiqué à l'homme, pour apprendre à cet enfant égaré le chemin qu'il devait suivre : le trouvant confondu avec le reste des choses, Dieu l'a ramené dans ses voies, muni d'un langage, d'une forme de religion. Il l'a élevé au premier degré de perfectionnement, laissant aux facultés dont il l'a primitivement doué le soin de faire le reste.

Or, voyez l'enchaînement des choses! Si cette première tradition est insuffisante, faudra-t-il que la toute-puissance revienne incessamment répandre un nouvel esprit de vie sur sa créature toujours prête à languir? L'humanité, rejetée de nouveau dans la lice, perdra-t-elle chaque fois le souvenir de son contact avec l'Être suprême, sans qu'elle ait pour excuse, comme dans les temps primitifs, l'imbécillité de l'enfance? Dans tous les cas, que devient le système des forces progressives, qui s'élevaient, sans concours étranger, de la forme la plus grossière à la manifestation la plus haute? Il n'est, disiez-vous tout à l'heure, qu'une loi, qu'une pensée, qu'un être qui va, en se perfectionnant, par des voies successives ; pourtant le moment est venu où vous déclarez que le monde ne se suffit pas. Après une série de transformations qui aboutissent à de sublimes aptitudes, l'impuissance du monde est mise au jour. Il s'arrête, il réclame un pouvoir qui, ne venant pas de son sein, qui, n'y retournant pas, le tire de l'inertie et supplée à ses forces épuisées. Et quel pouvoir! sans bornes, sans vicissitude, sans défaillance, qui n'a pas d'expression dans nos langues, qui confond et épouvante notre intelligence. Voilà ce qui s'est interposé entre l'univers organique et les premières apparitions de l'humanité! et cette intervention surnaturelle ne suffirait pas à faire de la création inerte et de la création progressive deux mondes distincts! Comment naîtraient-ils l'un de l'autre? il y a l'infini entre eux.

C'est ici que je me sépare de Herder; j'embrasse l'ordre entier des faits, sans acception, sans exclusion; je me confie dans la métaphysique qui est écrite sur les tombeaux des peuples; j'écoute jusqu'à la fin la lente argumentation des siècles, et tout s'explique sans mystères. Ce premier affranchissement qui semble si inexplicable à Herder, je le vois reparaître sous mille faces diverses dans toute la succession des âges. Loin d'être une merveille dans l'humanité, cet acte d'émancipation n'a pas cessé; il se répétait hier; il se répète aujourd'hui; c'est la raison pourquoi nous avons des monuments, des traditions, des annales, qui ont une suite et un sens. A cette heure, par quel enchantement ne vivons-nous pas sous la loi du moyen âge, et sous celle du grand roi de Macédoine? pourquoi cela? parce qu'à différentes périodes le genre humain a déclaré que les établissements qui s'offraient à lui, il voulait ou les modifier, ou les renverser, et se faire, à son gré, à ses risques et périls, une destinée nouvelle. Toujours conforme à lui-même, ce n'est pas autrement qu'il a consommé la première révolution, alors qu'il avait à lutter contre l'univers extérieur qui l'opprimait tout entier de son poids. Il brisa le joug de la nature sensible comme il a brisé depuis celui des Nemrod, des Antiochus, des Hippias, des Denys, des Césars, de tous ceux dont j'oublie le nom. Quand, pour se soustraire à un monde qui n'était pas le sien, Caton déchirait ses entrailles ; quand Thomas Morus, lord Russel et tous les autres montaient sur l'échafaud pour une cause qu'ils croyaient bonne et du prix de leur sang, il y avait sans doute plus d'héroïsme dans ces actions que dans celle du premier homme qui, par sa volonté, affronta, hors du mouvement aveugle de la création externe, un avenir qui n'appartint qu'à lui. Mais, sous des formes diverses, ces deux ordres de faits dérivaient d'un principe commun. L'un et l'autre ils révèlent une activité qui ne relève que de soi ; et cette activité, nous la connaissons, nous la sentons, nous savons comment on la nomme, et si c'est un prodige que le ciel fait un jour et ne renouvelle plus.

L'histoire, dans son commencement comme dans sa fin, est le spectacle de la liberté, la protestation du genre humain contre le monde qui l'enchaîne, le triomphe de l'infini sur le fini, l'affranchissement de l'esprit, le règne de l'âme. Le jour où la liberté manquerait au monde serait celui où l'histoire s'arrêterait. Poussé par une main invisible, non seulement le genre humain a brisé le sceau de l'univers et tenté une carrière inconnue jusque-là, mais il triomphe de lui-même ; il se dérobe à ses propres voies, et, changeant incessamment de formes et d'idoles, chaque effort atteste que l'univers l'embarrasse et le gêne. En vain l'Orient, qui s'endort sur la foi des symboles, croit-il l'avoir enchaîné de tant de mystérieuses entraves : sur le rivage opposé s'élève un peuple enfant qui se fera un jouet des énigmes de l'Orient et les dénouera à son réveil. En vain la personnalité romaine a-t-elle tout absorbé pour tout dévorer ; au milieu du silence de l'Empire, est-ce une illusion décevante, un leurre poétique, que ce bruit sorti des forêts du Nord, et qui n'est ni le frémissement des feuilles, ni le cri de l'aigle, ni le mugissement des bêtes sauvages ?

Ainsi, captif dans les bornes du monde, l'infini s'agite pour en sortir ; et l'humanité qui l'a recueilli, saisie comme d'un vertige, s'en va, en présence de l'univers muet, cheminant de ruines en ruines, sans trouver où s'arrêter. C'est un voyageur pressé, plein d'ennui, loin de ses foyers. Parti de l'Inde avant le jour, à peine s'est-il reposé dans l'enceinte de Babylone, qu'il brise Babylone, et restant sans abri, il s'enfuit chez les Perses, chez les Mèdes, dans la terre d'Égypte. Un siècle, une heure, et il brise Palmyre, Ecbatane et Memphis; et toujours renversant l'enceinte qui l'a recueilli, il quitte les Lydiens pour les Hellènes, les Hellènes pour les Étrusques, les Étrusques pour les Romains, les Romains pour les Gêtes, les Gêtes... Mais que sais-je ce qui va suivre? quelle aveugle précipitation! qui le presse? comment ne craint-il pas de défaillir avant l'arrivée? Ah! si dans l'antique Épopée nous suivons de mers en mers les destinées errantes d'Ulysse jusqu'à son île chéric, qui nous dira quand finiront les aventures de cet étrange voyageur, et quand il verra de loin fumer les toits de son Ithaque?

Ainsi, nous touchons aux premières limites de l'histoire; nous quittons les phénomènes physiques pour entrer dans le dédale des révolutions qui marquent la vie de l'humanité. Loin de nous ces douces et paisibles retraites, ce repos immuable, cette fraîcheur, cette innocence dans les tableaux. L'air que nous allons respirer est dévorant, le terrain que nous foulons aux pieds est souillé de sang; les objets y vacillent dans une éternelle instabilité : où reposer mes yeux? Le moindre grain de sable battu des vents a en lui plus d'éléments de durée que la fortune de Rome ou de Sparte. Dans tel réduit solitaire je connais tel ruisseau, dont le doux murmure, le cours sinueux et les vivantes harmonies surpassent en antiquité les souvenirs de Nestor et les annales de Babylone. Aujourd'hui, comme aux jours de Pline et de Columelle, la jacinthe se plaît dans les Gaules, la pervenche en Illyrie, la marguerite sur les ruines de Numance; et pendant qu'autour d'elles les villes ont changé de maîtres et de nom, que plusieurs sont rentrées dans le néant, que les civilisations se sont choquées et brisées, leurs paisibles générations ont traversé les âges, et se sont succédé l'une à l'autre jusqu'à nous, fraîches et riantes comme aux jours des batailles.

La permanence du monde matériel ne doit-elle donc exciter ici que de vains regrets, et cette nature splendide n'est-elle là que pour mieux faire sentir ce qu'il y a d'éphémère et de tumultueux dans la succession des civilisations? A Dieu ne plaise! tout au contraire, l'immutabilité des choses se réfléchit dans le système entier des actions humaines, et les marque d'un profond caractère de paix et de sérénité. Quand il a été établi que les vicissitudes de l'histoire ne naissent pas d'un vain caprice des volontés, mais qu'elles ont leurs fondements dans les entrailles même de l'univers, qu'elles en sont le résultat le plus élevé, et que c'était une condition du monde, de faire naître à telle époque telle forme de civilisation, tel mouvement de progression, que ces divers phénomènes sont en rapport avec le domaine entier de la nature et participent de son caractère, ainsi que toute autre espèce de production terrestre; les actions humaines se présentent alors comme un nouveau règne, qui a ses harmonies, ses contrastes, sa sphère déterminée. Le mouvement y est si habilement préparé, les phénomènes sont si fortement liés entre eux, qu'en passant de la science des choses à la science des volontés, vous ne faites que revoir sous des formes analogues et plus élevées le même ordre, la même stabilité qui s'étaient offerts à vous dans la contemplation du monde physique.

Considérez aussi que les souvenirs de la nature, transportés au milieu du trouble des âges; les accidents de la vie des fleurs qui servent à expliquer des phénomènes correspondants dans l'existence des corps politiques; tant de paisibles objets, de majestueuses images, en portant le repos des champs au milieu des scènes de l'histoire, lui donnent une physionomie entièrement originale et un charme indicible. Le souffle de l'univers naissant pénètre toute la série des âges; il répand sur la face des siècles la fraîcheur de la première rosée; il fait circuler l'âme des bois, des montagnes dans le berceau

et le tombeau des sociétés. Contrastes imprévus !
pittoresques alliances ! c'est le bouclier d'Achille,
sur lequel on voyait gravé le tableau des moissons
et les apprêts des vendanges.

Vous rencontrez çà et là les peuples, dont on a
depuis si longtemps rempli votre souvenir ; mais
tous, ils ont grandi par la comparaison avec la
nature ; ils sont renouvelés pour la science. Arrêtés ou détruits dans leur marche par une force
supérieure, quelques-uns n'ont point accompli le
cours entier de leur destinée. Comme il y a dans
la nature organique des mouches éphémères qui ne
voient qu'un soleil, il y a aussi des peuples qui ne
vivent qu'un jour ; c'est assez pour laisser des
urnes funéraires et des lampes où l'on recueille les
larmes ! D'autres ont rempli le cercle entier de
leur mission : avec quelle gloire ! on le sait : avec
quel profit pour les âges suivants ! voilà la question.

Tout est bien, quand tout est conforme à sa loi ;
ce qui peut être produit, est produit ; ce qui doit
périr, périt. Les royaumes se brisent, mais la justice et la raison s'enrichissent de leurs débris et
dominent leurs formes passagères. L'histoire semblait être la propriété absolue de l'homme, le seul
système de choses qui lui appartînt en propre et
n'appartînt qu'à lui ; c'est une conception hardie de
l'en avoir dépossédé, et de l'avoir fait descendre du

premier rang qu'il s'était arrogé, pour mettre à sa place la pensée universelle, dont il n'est plus que l'expression docile. Quand la lutte est ainsi engagée entre les idées, non plus entre les personnalités des peuples, il se fait autour de vous un grand calme ; ni l'amour ni la haine n'ont plus aucune prise. A peine si à cette hauteur vous entendez le fracas des empires, et si le bruit de la gloire individuelle arrive jusqu'à vous.

Lorsque nous suivions, avec le génie sévère de Machiavel (1) les puissances occultes, les voix cachées, les éclats de la foudre, les oiseaux de nuit, qui annoncent, avant le temps, la chute des villes et des institutions, nous étions loin de sourire de sa méprise. Nous nous sentions bien plutôt effrayés des obscurités de la destinée qui troublent une raison si austère. Mais ici il y a de quoi se rassurer, tant la part faite à la fortune et aux agents mystérieux est diminuée. L'homme a pour compagnon, dans sa carrière, l'univers entier ; et quand je vois se dérouler à mes yeux, comme une déduction non interrompue, toutes les vicissitudes de son histoire passée, non seulement je m'égare avec ravissement dans la contemplation des lois qui ont été celles de tous mes frères ; non seulement je m'enchante à mon gré de la

(1) Liv. I, chap. XVI.

sévère harmonie des siècles ; mais je me confie moi-même dans l'ordre majestueux des temps ; je me berce de cet espoir, que la puissance qui a su peser et balancer les siècles et les empires, qui a compté les jours de la vieille Chaldée, de l'Égypte, de la Phénicie, de Thèbes aux cent portes, de l'héroïque Sagonte, de l'implacable Rome, saura bien aussi coordonner ce peu d'instants qui m'ont été réservés, et ces mouvements éphémères qui en remplissent la durée.

Mais peut-être que cette manière d'envisager le passé lui ôte la vie, et n'en fait plus qu'une froide abstraction. Il est remarquable que l'homme qui a fondé si sévèrement les lois organiques de l'humanité soit aussi un des premiers qui aient commencé la réforme dans l'histoire, en rendant aux siècles qui ne sont plus leur coloris naturel, leur allure et leur individualité. Sans doute dans un ouvrage consacré au développement entier d'une période historique, comme le chef-d'œuvre de Jean Muller, quand l'auteur a un champ vaste pour rassembler et coordonner les détails, quand la description de la nature alpestre fixe la scène, quand il peut s'arrêter dans la grotte de Rutli pour écouter le serment des bergers, dans les métairies de Sempach pour dépeindre l'innocence, la piété du peuple, quand le son de la clochette des troupeaux retentit dans les montagnes, et que toute la rudesse du moyen âge s'unit aux images les plus douces, les plus attendrissantes qui aient ému les entrailles de l'homme ; il faut bien qu'il y ait là une étonnante force de vérité, une illusion, une sympathie toute vivante. Au lieu de cela, quand les peuples se pressent en foule, qu'ils se hâtent vers leur déclin, et que l'on n'a qu'un instant pour saisir d'un regard le caractère de chacun d'eux, quel heureux génie que celui à qui ce court intervalle suffit pour les faire revivre avec tous leurs traits, de telle sorte qu'ils sont réellement présents, et que chaque point de la durée vous laisse l'impression vivante et distincte d'une couleur, d'une forme, d'un ensemble de tons harmonieux que vous n'avez vu, que vous n'avez senti que là !

Herder est, en suivant le cours des siècles historiques, ce que nous sommes avec les souvenirs de notre propre vie. Plus il est séparé des événements par un long intervalle, plus ils sont empreints dans sa pensée de couleurs vives, et marqués par des images distinctes ; il nous intéresse aux destinées des peuples comme à une affection individuelle, et quand ils disparaissent de l'histoire, vous sentez en vous un profond ennui, sachant bien que dans ce drame nul personnage ne revient une seconde fois, et qu'il s'agit ici d'un éternel adieu.

Or, cette puissance qui évoque devant vous les images du passé, c'est la magie du langage qui emprunte sa force, ses effets, sa physionomie aux choses, aux temps, pour les faire revivre avec tous leurs attributs. Soit que l'écrivain revête le coloris luxuriant, les images splendides des religions de l'Inde, soit qu'il marche avec lenteur et circonspection au milieu des obélisques massifs et des énigmes de l'Égypte ; qu'il roule, avec les sables de la Messénie, un or pur, reflet serein de l'astre de Platon, jusqu'à ce que ses formes sveltes, hardies, se voilent de tristesse et de mélancolie, quand il faut remuer le fond des urnes, et déchiffrer les inscriptions tumulaires de l'Étrurie ; partout son génie flexible s'unit intimement à l'objet qu'il contemple ; il s'en approprie la teinte, il en suit les mouvements, comme la draperie diaphane qui, entourant de ses replis la statue de Vénus, sert à en marquer les harmonieux contours.

Une des parties les plus remarquables de l'ouvrage est incontestablement celle où l'auteur, près de quitter les civilisations antiques pour entrer dans le labyrinthe du moyen âge, s'arrête au milieu des ruines qui l'entourent pour recueillir ce que les siècles ont développé d'idées générales et de principes éternels. Ces intérêts gigantesques des empires qui s'écroulent, des corps politiques qui se brisent, comme l'argile, consument promptement les puissances de notre imagination, faite pour des calamités moins générales et un deuil moins public. Après ce mouvement prodigieux, cette scène si remplie, c'est une impression salutaire, que de rentrer dans l'immuable. De tant de cités qui ont brillé sur la terre, de tant de nobles pensées qui ont ébranlé les peuples, de tant d'agitation et de bruit, voilà qu'il reste quelques vérités abstraites que les empires ont révélées dans la rapide succession de leur existence. Mais, détachées des événements qui les recélaient, ces vérités survivent sans rappeler ni la couleur, ni le lieu, ni le temps, ni rien de ce qui touche au monde réel. C'est la voix des âges, sans aucun des attributs apparents de la vie, sans accent, sans passion; je ne dis pas sans éloquence, parce que sous ces formules scientifiques on sait que se cachent les intérêts qui ont ému l'univers, la gloire des uns, la honte des autres, les larmes et le sang de tous.

C'est une noble pensée que d'avoir raffermi nos croyances philosophiques au moment même où le trouble apparent du moyen âge eût pu facilement les ébranler. Époque véritablement unique dans les annales du monde, que celle qui réunissait tous les défauts et tous les attraits de l'inexpérience avec quelques-uns des tristes avantages d'une société vieillie ; époque étrange, où il y avait de la naïveté dans les esprits et de la profondeur dans les affections, de la grâce dans les pensées, et je ne sais quoi de contrefait dans les formes ; à la fois ignorante et pédantesque, pleine de rudesse et d'émotion, quand les caractères étaient inébranlables, les cœurs soumis, le dévouement facile. La plupart des idées qui ont illustré les siècles suivants erraient déjà vaguement dans les esprits ; mais elles n'apportaient alors, au lieu du repos et de l'espérance, que de l'inquiétude et de l'effroi ; comme toutes les inspirations de la pensée qui se réveillent en nous sans trouver d'expressions. Il y avait un fond de tristesse qui se répandait sur toutes les relations de la vie, qui jetait sur les coutumes, sur les traditions, sur les monuments, sur la physionomie des hommes, un caractère particulier de sérieux et de mélancolie. On accueillait de toutes parts les paroles de mort et les présages funestes ; l'ordre social, toujours défaillant, inspirait tant de défiance et d'alarme, qu'au retour de chaque année l'univers semblait arrivé à son terme et près de retomber dans le chaos.

Au milieu de la foule de mobiles qui semblent briser l'unité historique de ces siècles, l'influence du christianisme est le fait que Herder s'est surtout attaché à reproduire sous son véritable jour. Avant lui, Lessing avait traité le même sujet dans un petit écrit étincelant de verve philosophique, l'*Éducation du genre humain*. Dans ce peu de pages le dix-huitième siècle fait un grand pas. La révélation chrétienne cesse d'être considérée comme le dernier terme du progrès universel, quoiqu'elle ne soit pas encore mise au rang des phénomènes purement historiques. Lessing cherche un milieu qui satisfasse également, et au besoin de croire, et aux exigences de la nouvelle science. Selon lui, la révélation est l'instrument perfectible dont Dieu se sert et se servira à jamais pour développer l'éducation de l'humanité. Comme la colonne de feu des Israélites, cette parole sacrée précède la marche des nations : à de longs intervalles, quand l'esprit général s'est élevé jusqu'à elle, elle subit une métamorphose et brille sur le genre humain d'une lumière toute nouvelle. Dans l'origine des choses, l'Éternel choisit, entre tous, un peuple pour servir de type aux autres ; les croyances, les vérités révélées, étaient enveloppées de formes grossières, telles que l'enfance de l'humanité pouvait les percevoir et les retenir. Mais sous ces symboles était caché le christianisme, qui se dégagea de leurs liens, et apparut à la terre quand les temps furent venus. L'univers le recueillit, et s'éleva avec lui à de plus hautes destinées. Il fallait que dans l'adolescence du genre humain toutes les passions allassent se briser avec une foi aveugle contre l'autorité du maître, de même que le jeune homme s'accoutume d'abord à regarder son livre élémentaire comme la limite des connaissances possibles. Mais enfin, quand la jeunesse aura perdu sa première candeur et que l'âge mûr réclamera son indépendance, le livre élémentaire suffira-t-il à de nouveaux besoins ? Non, répond Lessing. De même que la loi de Moïse renfermait implicitement la loi du Christ, celle-ci à son tour renferme de hautes vérités philosophiques, qui sont encore des mystères pour nous jusqu'à ce que la raison vienne à les déduire de celles qui sont déjà en notre pouvoir. L'Évangile que nous connaissons cache dans ses profondeurs un nouvel évangile, où les dogmes seront transformés en vérités rationnelles : ils n'étaient point tels à l'apparition de la loi, mais ils n'ont été révélés que pour être modifiés par la raison.

Herder est plus sévère, son génie répugne singulièrement à toute espèce d'exception ; la connaissance précise des faits et des mœurs lui suffit pour porter une immense lumière sur les progrès et l'influence de la révélation. Si le vicaire savoyard avait écrit l'histoire du christianisme, c'est ainsi qu'il l'aurait conçue; et le ministre protestant a plus d'un rapport avec lui par l'élévation constante de l'âme, le ton d'inspiration, le charme, la fascination du langage, qui, tour à tour véhément, réfléchi, plein d'onction, de tendresse, parle à tous nos souvenirs et donne une vie philosophique à des légendes, à des symboles religieux dont la philosophie semblait s'être éloignée pour toujours.

Cherchez quelque part un livre qui embrasse une plus vaste étendue dans les choses d'expérience, vous n'en trouverez aucun ; aucun qui soit marqué d'un caractère plus frappant de grandeur, de majesté, d'universalité. Où est celui qui a établi l'harmonie dans le corps gigantesque de l'histoire ; qui a manifesté l'ordre et la sagesse au sein du chaos apparent des âges? Le monde progressif ne déroulant que successivement ses plans et ses aspects divers, la plupart des hommes s'arrêtent à quelques accidents particuliers sans en saisir l'ensemble ; et ainsi ils lui contestent cette sage ordonnance, cette unité de destination, ces voies providentielles qui les frappent dans le spectacle l'univers physique, dont les masses toujours présentes s'offrent instantanément à leur admiration.

Sans doute, il ne faut chercher ici, ni l'impassibilité de Machiavel, ni la netteté de Montesquieu. Quand l'esprit seul fait d'immenses progrès, et que l'âme reste jeune avec toute sa fraîcheur et quelques-unes de ses illusions, on a beau choisir un sujet, un système qui n'appartienne qu'aux combinaisons positives de l'intelligence ; vos sentiments, vos souvenirs affluent malgré vous, et ils vous importunent au milieu de ces abstractions presque autant qu'au milieu de la stérile contrainte du monde. Pourtant on veut donner place à des sentiments encore confus, sous des formes plus ou moins générales, et cela ne se fait qu'aux dépens de la régularité du plan, et de la parfaite harmonie des tons. C'est un spectacle inattendu que celui d'un homme qui pénètre au loin dans les lois de l'organisme, pour y découvrir les plus étonnantes merveilles de l'être moral, la conscience et l'immortalité, joignant ainsi à la verve austère de Lucrèce les saintes inspirations de Platon. Voyez le soin qu'il met à éviter tout rapprochement avec la métaphysique, comme une mésalliance qu'aucune concession à l'univers visible ne pourrait racheter. Vous diriez que les choses présentes, palpables, ont seules une prise sur un esprit si lent à s'émouvoir, si rebelle à la conviction. Et voilà que, bientôt après, ce génie tout positif vous entraîne au delà des mondes et des formes connus, dans des sphères de beauté, de justice, de perfection, auxquelles nous tous aussi nous nous sommes élevés un jour, quand une émotion passagère exaltait nos cœurs qu'elle éclairait peut-être. Ainsi, c'est un des caractères principaux de Herder, qu'en dépit du sensualisme qui est son point de départ, le premier développement de ses doctrines morales nous conduit, non à l'égoïsme d'Helvétius, non à la raillerie désespérante de Voltaire, pas même au principe d'utilité d'Hutcheson ; mais à la théorie du devoir, plus absolue encore que chez le philosophe de Kœnigsberg. Placé entre le scepticisme du dix-huitième siècle, dont il adoptait en partie la métaphysique et repoussait la morale, et l'école de Kant, dont il aimait la tendance et réfutait le principe, Herder avec la solennité de ses paroles pleines d'onction, semble avoir reçu la mission d'apaiser des discordes qu'il ne peut étouffer.

Qu'est-ce, au fond, que sa doctrine ? L'idéalisme dans la sensation, sorte de panthéisme déguisé. En général, cette philosophie a pour caractère de substituer des présomptions à la science, de faire succéder par degrés à la certitude l'espérance, à l'espérance le doute absolu. On explique d'abord d'une manière satisfaisante un certain nombre de faits d'un ordre inférieur ; joint à cela que cette théorie s'environne d'un grand appareil d'évidence, qu'elle ne quitte pas le monde matériel, qu'elle l'embrasse de toutes parts, que de plus elle a grand soin de se déclarer ennemie de toute abstraction métaphysique ; il en résulte qu'elle a une apparence de modestie et de circonspection qui gagne promptement les esprits. D'autre part, comme en se jouant cette philosophie fait alliance avec la poésie, comme elle prête des couleurs animées aux formes les plus insaisissables, comme l'imagination la devance dans le champ illimité des inductions, elle séduit les intelligences qui sacrifient plus à l'inspiration qu'à la méthode. Pourtant, à mesure que l'ordre des phénomènes s'élève, on a plus de peine à les saisir ; le point d'appui vacille, le langage devient de plus en plus indécis, en sorte que, lorsqu'il s'agit de fonder les grandes lois de la destinée, ces étonnants problèmes qui épouvantent et glacent le cœur d'effroi, l'homme se trouve subitement abandonné dans sa recherche. La poésie, qui n'était d'abord qu'un ornement, un attrait, devient le guide principal auquel il faut se confier. Des allégories, des analogies, des pressentiments secrets, des prodiges de divination, voilà ce qui nous reste. Mais cet éclat éphémère, ces fêtes de l'imagination, ne sont plus qu'un leurre décevant et sans puissance, quand l'abîme de Pascal est devant nous.

Que l'on m'explique comment cette philosophie n'a point chez Herder ce caratère effrayant d'instabilité ? Pourquoi, au contraire, on s'y arrête sans trouble, comme sur la science éternelle ? Eh quoi! je reconnais, dans cet ensemble de choses et d'idées, des formes indécises, des parties qui se refusent, qui se retirent dans l'ombre; d'autres qui se contredisent ; et pourtant ma pensée se repose ici avec sérénité ! Sans être troublée par ce concours d'objets toujours flottants, elle trouve où s'arrêter et se rasseoir ! C'est qu'il y a véritablement sous ce terrain mobile un point fixe, un refuge inviolable. La conscience de l'être, le sentiment religieux, pur, universel comme la conviction spontanée du génie, sont ici tellement inhérents à toute connaissance, ils ont pénétré si avant, si intimement dans la profondeur et la substance du sujet, ils se présentent avec des caractères si irrécusables, qu'ils suppléent partout au point de départ du *moi* philosophique qui se proclame par eux. C'est là l'élément scientifique qui soutient tous les autres. Partout il est présent pour rassurer sur la solidité de l'édifice, et pour nous recueillir avant l'abîme.

Quand Herder mourut, ses amis trouvèrent, en approchant de son lit, sa main froide arrêtée sur quelques lignes qu'il venait de tracer. On lut ce qui suit :

« . . . . . . Transporté dans de nouvelles ré-
« gions, je jette autour de moi un regard inspiré.
« Je vois le monde réfléchir l'éclat de l'être su-
« blime qui l'a créé ; le ciel forme comme le ta-
« bernacle de l'Éternel. . . . . . ma faible intel-
« ligence, courbée vers la poussière, ne peut sou-
« tenir le spectacle de ces augustes merveilles ;

« elle s'arrête dans le silence. . . . . . . . . . . »

C'était un hymne à Dieu par lequel ce bienfaisant génie achevait sa carrière. Il fallait que le même sentiment qui avait vivifié ses écrits et répandu sur chacun d'eux un air de fête et de solennité fût le dernier à s'éteindre dans son âme.

Et cet homme est presque inconnu parmi nous ! son nom n'y réveille ni souvenirs ni sympathie !

Pour moi, je puis dire que depuis l'âge où l'on commence à être ému par le génie et à souffrir par son cœur et par celui des autres, ce livre a été pour moi une source intarissable de consolations et de joie, il a suppléé pour moi aux affections réelles, qui sont si rares, si semées d'amertume, dont on reconnaît si promptement le vide et l'imparfait. Dans les maladies, dans la détresse de l'absence, plus cruelle que les maladies, dans les lents déchirements de l'âme et l'isolement qui les suit, il a soutenu et multiplié mes forces. Jamais, non jamais, il ne m'est arrivé de le quitter sans avoir une idée plus élevée de la mission de l'homme sur la terre ; jamais sans croire plus profondément au règne de la justice et de la raison ; jamais sans me sentir plus dévoué à la liberté, à mon pays et en tout plus capable d'une bonne action. Que de fois ne me suis-je pas écrié, en déposant ce livre, le cœur tout ému de joie : Voilà l'homme que je voudrais pour mon ami ! Mais il n'est pas si facile de rencontrer dès sa jeunesse celui à qui on a voué d'avance une secrète admiration. Il faut se contenter de ses paroles glacées, à travers la tombe. Surtout, il faut attendre le jour qui doit réunir toutes les intelligences grandes et petites ; car je ne puis croire qu'il en soit alors de même que de nos temps, où l'amour, l'admiration, qui ne sont pas mutuels, restent sans récompense, quelquefois dédaignés, souvent ignorés de celui-là même qui les a fait naître.

Du moins elle nous reste, la science que cet Esprit immortel a tant servie et tant aimée ; en nous livrant à la méditation de ses lois, il nous semblera que toute communication n'est pas perdue pour nous avec une si noble intelligence.

## IV

Prenons garde de perdre la chaîne qui nous lie aux siècles passés, de peur que nous ne trouvions entièrement égarés sur la terre. C'est un assez grand mystère que la vie en elle-même ; malheur à qui le sonde ! Ne laissons pas s'engloutir sans les interroger, ces peuples, ces hommes, ces consciences, ces personnes morales que l'histoire ressuscite devant nous. Ne sachant pas ce que nous sommes, sachons du moins ce qu'ils sont, d'où ils viennent, par quelle succession de phénomènes ils sont arrivés jusqu'à notre obscur réduit. Sur ce fondement, il reste ici à indiquer dans un champ immense quelques rapports entre l'histoire du genre humain et la philosophie morale : comment les souvenirs de l'espèce se reflètent-ils dans l'individu ? comment se coordonnent-ils avec ses impressions propres ? quelle loi imposent-ils à son activité personnelle ? en un mot, quelles vérités sont contenues pour lui dans les harmonies du spectacle de la durée ? Grandes questions, qu'il faudrait de longs livres pour résoudre.

Ici tous les monuments restent impuissants et

muets, et si l'on ne consent à descendre en soi pleinement, franchement. Ce n'est plus l'histoire telle que chacun peut la lire dans les ouvrages des hommes, ou sur les pierres, ou sur le sol ; mais telle qu'elle est réfléchie et écrite dans le fond de nos âmes, en sorte que celui qui se rendrait véritablement attentif à ses mouvements intérieurs, retrouverait la série entière des siècles comme ensevelie dans sa pensée. Celui-là seul donnera une vraie base à sa science historique qui partira de l'enceinte étroite de son moi individuel, pour remonter de là, par des conséquences nécessaires, à travers la suite des empires et des peuples, jusqu'à la chaumière d'Évandre, jusqu'à la tente de Jacob, jusqu'au palmier de Zoroastre.

En effet, plus je m'interroge, plus je m'assure que rien n'a égalé pour moi le jour où, las de recueillir quelques images éparses qui me semblaient flotter dans la durée, mais sans suite et sans ordre apparent, venant enfin à reconnaître le lien qui les rassemble, j'aperçus, pour la première fois, comme d'un lieu élevé, le nombre presque infini d'êtres semblables à moi, qui m'avaient précédé.

A la vue de cet immense assemblage de siècles et de peuples divers, je sentis avec joie que je n'étais pas seul dans le temps. Une merveilleuse sympathie m'attirait vers chacun de mes frères, qui, distribués dans toute l'étendue des âges, ont reçu la même vie, ont joui avant moi de ce même soleil, de cette même terre, se sont assis aux bords de ces mêmes fleuves ; et, faits comme moi pour le jour et pour le lendemain, ont connu les mêmes vicissitudes de joie et de douleur, d'amour et de haine. Je ne pouvais dire quels ont été leurs figures et leurs traits, ni les appeler par leur nom ; mais je savais qu'ils ont été, et que lorsqu'ils s'inquiétaient de la postérité, indirectement compris dans leur pensée, je vivais en eux comme ils vivent en moi. En même temps je découvrais que, si telle forme de l'humanité eût manqué au monde, mon être, quelque frêle et circonscrit qu'il soit, n'eût point été ce qu'il est. De tous les points de la durée, chaque empire avait envoyé jusqu'à moi la loi, l'idée, l'essence des phénomènes dont s'est composée sa destinée. A mon insu, la vieille Chaldée, la Phénicie, Babylone, Memphis, la Judée, l'Égypte l'Étrurie, s'étaient résumées dans l'éducation de ma pensée et se mouvaient en moi. Ce m'était un spectacle étrange d'y retrouver leurs ruines vivantes, et de sentir s'agiter dans mon sein, au lieu d'un souffle errant, éphémère, que chaque soupir consume, l'âme de l'humanité, que mon être a recueillie comme un son lointain apporté d'échos en échos jusqu'à lui.

A mesure que se développait cette longue suite d'aventures, je recueillais épars les éléments dont se compose mon individualité ; pour comprendre le secret de mon être, il me fallait aller interroger les débris de l'Orient, les oracles de la Grèce, les bruyères des Gaules, les forêts de la Germanie. Ainsi, je m'arrêtais pour écouter au fond de mon âme le sourd retentissement des siècles passés. Je vivais, non plus en moi, mais dans cette masse confuse de nations et d'existences diverses qui m'ont précédé ; je me livrais si bien à elles, que je crus quelque temps que ma personnalité allait être absorbée dans la conscience universelle du genre humain.

Voici un autre phénomène qui m'attendait. Ni tant de ruines amoncelées, ni tant d'empires croulants, de noms épars, de sang, de gloire, de siècles réunis, n'avaient rempli le vide de mon âme : une immense place y restait pour d'éphémères images, de longs combats qu'aucune mémoire ne recueille. En vain mon cœur s'était-il nourri des larmes que le genre humain a lentement versées ; je m'étonnais que, fait pour renfermer les souvenirs de tant de siècles, il ne pût contenir un souvenir né d'hier, qui le brisait sans retour. Moi, qui, pour amuser la vide succession de mes jours, avais à conter la chute de tant de Babylones, la captivité de tant de Judas, je m'en allais çà et là, prêtant l'oreille à de vains récits que répètent les femmes et les enfants ; je cherchais encore autour de moi je ne sais quels jouets, quand mes yeux étaient attachés au spectacle immense de la durée. Les pauvres ruines moussues de ma maison paternelle parlaient plus haut à mon oreille que les ruines et les colonnes ciselées de Palmyre. Les noms de tant de héros inconnus que j'avais surpris dans l'intérieur d'une vie vulgaire habitaient et fraternisaient familièrement dans ma pensée, avec les noms des Timoléon, des Marc-Aurèle, des d'Assas, des Washington ; elle pesait plus sur ma poitrine que les obélisques de l'Égypte, que les tombeaux de l'Italie, que les urnes des Étrusques, que les monceaux de pierre des Gallois et des Calédoniens, la pierre étroite qui couvre les restes de mon ami.

Tout ce qui est soumis à des pouvoirs humains subit les grandes lois du changement ; et notre être isolé, sans appui, sans liens avec le monde, y obéit plus que tout le reste. Ne nous étonnons plus de l'inconstance de nos vœux et de l'instabilité de nos impressions, depuis que les empires se fanent comme des fleurs, et que les institutions les plus solides sont si promptement renversées. Au milieu de cette tempête qui précipite les uns sur les autres ces immenses corps politiques, il nous a été donné un jour pour aimer, pour oublier, pour suivre en tout, par la fragilité de notre être, leurs lois suprêmes. La même puissance qui renverse l'Asie sur l'Égypte, l'Égypte sur la Grèce, la Grèce sur l'Italie, étend ses ravages jusqu'au fond de notre âme, en brisant une espérance par une autre espérance, un désir par un autre désir, une douleur par une autre douleur.

Et toutefois, il faut croire que dans la lente expérience de cette foule d'êtres qui nous ont précédés, avec des affections et des passions en tout semblables aux nôtres, il est des trésors de force où l'homme n'a point encore suffisamment puisé. La destinée individuelle, si obscure quand on la renferme dans un cercle d'objets limités, se révèle à nous par l'enchaînement successif des corps politiques ; et ce peu de jours que nous avons à passer sur la terre, quelque arides qu'ils nous paraissent, ne sortent pas tellement de l'harmonie universelle des siècles, qu'ils ne s'expliquent par elle.

Ou l'histoire raconte la vie d'un individu, ou celle d'un peuple, ou celle de l'humanité, dans laquelle les peuples et les individus vont se perdre. Or, ces trois modes de l'être humain, quelque différents de grandeur qu'ils soient, ont entre eux la même similitude que le tout et la partie qui le représente ; ils forment un monde plus ou moins achevé dans l'universalité des choses ; mais ce que l'on affirme de l'un, on peut l'affirmer de l'autre ; ils se reproduisent mutuellement, et, soumis aux mêmes lois, ils présentent dans leur développement des phénomènes tout semblables. De cette unité naît la beauté harmonique de l'histoire, dans ses plus vastes proportions.

Ainsi, la même série progressive qui se manifeste dans la marche des corps politiques, se reproduit dans la succession de nos actes individuels, et c'est en obéissant à cette loi que nous nous conformons à l'humanité. Nous n'avons, pour atteindre le bien, ni la longévité des nations, ni leurs traditions antiques; nous avons quelques souvenirs nés d'hier. Mais cela suffit pour remplir la destinée; et l'homme qui, dans son étroite sphère, poursuit avec constance l'être idéal qu'il enferme en lui, est égal devant l'Éternel à l'empire qui dans sa longue durée manifeste les lois saintes de la raison et de la liberté.

A peine a-t-on fait de la loi de l'humanité la loi de son être, que l'on commence à vivre de la vie universelle, et à jouir de toute la plénitude du *moi*. Le cœur qui ne savait où se reposer, partout repoussé par les choses a son œuvre tracée et son importance dans l'ordre des temps; et pendant qu'il remplit cette tâche, il jouit d'une sympathie toujours renaissante et qui jamais n'est déçue dans son objet. Si l'heure présente et ce peu d'objets qui se sont offerts à lui, l'ont laissé vide et chancelant, il trouve dans la pensée des siècles avec lesquels il est en rapport, de quoi se nourrir et se fortifier. Ne croyez pas qu'arrivé à ce point, l'être individuel soit séparé par aucun intervalle de l'humanité dont il s'est approprié la loi ; elle s'est concentrée en lui, elle se prolonge en lui avec toute la série de ses destinées futures. Le voilà conforme à elle, identique à elle. Il la porte en lui, il la continue ; et tant que dure cette union, il est fort, il est puissant, invincible au monde ; il a le repos et le bien suprême.

De là dérive une belle conséquence : chaque être poursuit sa carrière de perfectionnement avec une rapidité proportionnée à la brièveté de sa vie. Le genre humain compte par siècles les diverses périodes de son éducation ; pour nous, nous avons des jours et des heures pour exprimer un intervalle semblable dans le développement de notre activité libre et la dilatation de notre être. Après quelques années, nous arrivons au degré où l'humanité n'est parvenue qu'après sa longue carrière ; alors, il faut que nous mourions. Quant à elle, elle poursuit son chemin, elle s'avance vers des contrées que nous n'avons pu atteindre dans le cours borné de notre existence. Or, dès ce moment, la chaîne qui nous liait à elle, est-elle brisée ? L'unité, le rapport commun de destination ont-ils disparu ? N'était-ce qu'une vaine contingence que cette représentation du tout dans la partie, que cette identité dans la loi, que cette marche harmonique de deux êtres vers un centre commun? L'un a-t-il été brisé dans sa course, pendant que l'autre est ainsi condamné à une éternelle solitude? Non, Dieu infini! je ne puis le croire. J'en conclus que, pendant que le genre humain poursuit sur cette terre sa carrière de perfectionnement, l'être individuel continue sa marche parallèle dans quelque séjour et sous quelque forme que la Providence lui a préparés de sa main.

Si de la loi de l'humanité nous passons à l'humanité elle-même, et si, après l'avoir suivie dans toutes ses vicissitudes, vous demandez à la fin quel sentiment doit inspirer un être ainsi ballotté au gré de tant de hasards; je réponds : un respect profond et pour ainsi dire religieux. Au-dessus de toutes les volontés intelligentes, l'Être des êtres seul n'a point d'histoire. Un seul âge, une seule langue, un seul monument. Que l'humanité soit un jour immuable, elle n'est plus; ou plutôt elle est tout, perdue et confondue dans la pensée divine. L'ordre des choses la condamne au changement; mais ces changements sont des progrès, et le même signe exprime sa faiblesse et sa force. Imaginez que dès l'origine, elle eût possédé l'empire qu'elle exerce aujourd'hui sur le monde. Aveugle et sans expérience, qui peut dire ce qu'elle eût fait de sa puissance et si elle ne l'eût pas tournée contre elle-même? Je veux encore supposer qu'elle eût vu clairement dès l'origine par combien de travaux et de deuils, il fallait acheter l'avenir; est-il sûr qu'elle n'eût pas reculé, plutôt que d'entrer dans la voie où elle est maintenant et dont personne ne peut marquer l'issue?

Au contraire, par quelle lente éducation la nature a voulu qu'elle s'accoutumât à la force créatrice qui lui a été départie! Il est telle parole de l'homme qui embrasse l'histoire entière des empires. Quand tout ce qui l'entoure, l'astre qui l'éclaire, le flot qui le porte au rivage, connaît dès l'origine son œuvre de chaque jour, sa carrière et son but, lui seul il ne sait pas ce qu'il sera demain; il marche à l'aventure et chaque siècle lui révèle de nouveaux secrets de son être. Or, cette sublime ignorance où il est de lui-même, et que quelques-uns ont apportée en témoignage de son néant, est ce qui atteste à l'univers sa gloire et son impérissable puissance.

De nos temps même, il faut croire par tout ce qu'il y a d'obscur et d'indéterminé dans le fond de nos âmes, que le développement de l'homme moral est loin d'être achevé. Un jour viendra, peut-être, où ces mystères qui nous troublent à cette heure, et que nous pressentons sans pouvoir les circonscrire par la parole, deviendront une source générale de vertus, de beautés morales, dont nous ne pouvons avoir aucune idée, non plus que Sapho n'avait l'idée de l'amour d'Héloïse, non plus que Zénon ou ses disciples n'avaient l'idée de la philosophie de saint Paul ou de saint Jean l'évangéliste. Mais, quelles qu'elles puissent être, ces conquêtes morales auront leurs fondements dans les temps qui les précèderont; et sans qu'il nous soit donné de déterminer leurs formes, ce jour que nous voyons, ces mœurs, ces lois qui sont les nôtres, y entreront pour quelque chose. Être véritablement étrange que l'homme! Quand un seul de sa race survivrait à une destruction générale, il porterait l'empreinte des âges passés; il rappellerait le monde qui ne serait plus; car la nature a fait de chacun des membres de l'humanité à la fois le produit et l'image du tout.

Enfin, près de sortir du conflit des choses terrestres, persuadé que les mêmes vérités que l'on a déduites du spectacle et des lois du monde physique, se reproduisent dans les consonnances et les harmonies de l'histoire, quand je cherchais dans le chaos apparent des âges la pensée divine, je trouvais avec ravissement que celui qui a revêtu d'or les genêts des prairies et parsemé d'azur l'aile du colibri, n'a point trop épargné la gloire à Babylone et qu'il a paré d'assez riches habits l'antique Persépolis, Thèbes aux cent portes, Tyr, Memphis, et Sidon. Elles ne fatiguent pas plus sa main que le nid du rouge-gorge et qu'une palme de fougère, les cités des Chaldéens, des Assyriens, des Mèdes, des Hébreux. Dans le même temps qu'il prenait soin de leurs destinées, il veillait sur la famille de l'oiseau et déployait sous le chêne les rameaux de l'arbuste. S'il a penché l'urne des fleuves avec munificence, s'il a distribué avec art les rochers, les vallées, les déserts et les lieux fertiles; s'il a varié jusqu'à l'infini les attitudes des plantes, la voix des animaux et les harmonies qui en résultent, il a de même répandu avec sagesse, dans le temps, les générations et les familles, les nations et les langues.

Chaque cité apparaît quand son jour est venu, sous la forme que le monde réclame. A toutes il a donné une forme particulière, une physionomie propre; et certes, si l'on a pu dire, sans paraître insensé, que la voûte des cieux, que l'écho des montagnes, que le bassin des mers, que le mélange des couleurs, de bruits, de parfums qui vivifient l'espace et amusent nos sens d'une vaine et inconstante joie, sont les expressions de ses idées; c'est, je le jure, une autre poésie, une autre éloquence qui s'échappent toutes vivantes des harmonies des âges; pour celui qui les a écoutées un seul jour, tous les autres discours semblent frivoles et périssables. Chaque peuple qui tombe dans l'abîme est un écho de la voix de l'Infini. Chaque cité n'est elle-même qu'un mot interrompu, qu'une image brisée, un vers inachevé de ce poème éternel que le temps est chargé de dérouler. Entendez-vous cet immense discours qui roule et s'accroît avec les siècles, qui, toujours repris, toujours suspendu, laisse chaque génération incertaine de la parole qui va suivre? Il a comme les discours humains, ses circonlocutions, ses exclamations de colère, ses mouvements et ses repos, pendant lesquels on n'entend que les soupirs des peuples haletants, et le sourd craquement des empires vieillis.

Au reste, si jamais cette philosophie de l'histoire devient un recours dans la détresse ou publique ou privée, ce doit être surtout dans ces temps où, tout flottant au gré des serviles convoitises de quelques-uns et de la lâche incurie du plus grand nombre, ceux qui ont conservé au moins le souvenir d'une patrie, la cherchent vainement au milieu d'un débordement de paroles traîtresses, sans plus savoir que penser de l'heure présente. Rien ne rassure alors comme le témoignage des siècles passés ; rien ne calme dans la lutte, rien ne fortifie, rien ne cause une joie sainte, inépuisable, comme de se sentir protégé de l'autorité de tout le genre humain.

Il est vrai que, voyant notre vie qui s'épuise avec chaque heure qui s'écoule, et que, si près de mourir, le spectacle des choses humaines va bientôt nous échapper, nous voudrions hâter le dénouement pour y assister encore. Il faudrait que les progrès de l'humanité se succédassent aussi vite que les battements de nos cœurs. Mais tel n'est pas l'ordre des choses ; ce n'est pas à ces heures rapides qui nous ont été données, que sont coordonnées les générations et les empires ; et l'aveugle empressement de nos âmes ne réglera pas la marche lente et majestueuse des siècles. Nous, qui nous étonnons à l'envi de l'épuisement où semblent réduits nos pères et qui tirons tant d'orgueil de notre jeunesse, nous mourrons aujourd'hui ou demain, ou le jour qui suivra ; et cette œuvre, où se sont consumées avant nous tant de générations, ne sera point accomplie. Sans nous plaindre du poids du jour, et sans nous inquiéter de notre salaire, travaillons donc selon nos forces à vivre et à mourir dans la place que nous a confiée le genre humain (1).

(1) 1825.

# ESSAI
### SUR LES
# ŒUVRES DE HERDER

# AVERTISSEMENT

Je voudrais montrer comment les grandes vues de l'esprit français au dix-huitième siècle se sont combinées dans l'esprit des autres peuples et des Allemands en particulier. Cette alliance est un des traits les plus frappants de Herder.

Il me semble que la sérénité de l'intelligence est aujourd'hui le spectacle le plus bienfaisant que l'on puisse offrir aux hommes. On croit voir dans les œuvres de Herder l'aurore immaculée d'un beau jour qui se lève sur l'humanité. Nous qui approchons du soir de cette journée, n'oublions pas trop comment elle a commencé.

Edgar Quinet.

Bruxelles, 3 juin 1857.

# ESSAI

SUR LES

# ŒUVRES DE HERDER[1]

## I

Comme étude morale, le caractère des premiers ouvrages de Herder mériterait seul une haute attention par un contraste singulier avec ceux qui les ont suivis et l'âge où ils ont été écrits. Au lieu de cette âme expansive, qui plus tard ne songera qu'à se prodiguer, un cœur aigri, fermé, mécontent de soi-même et des autres; au lieu de ce calme antique qu'il répandra plus tard sur tous les objets, une ardente polémique qui cherche à se produire, mais pleine de force et d'énergie; peu d'ornements, peu de poésie, le mépris du succès, des formes âpres qui rappellent l'humeur souffrante de Rousseau fugitif et vieilli. C'est que la jeunesse dans ses

[1] 1827.

plus brillantes années n'est pas toujours l'âge où l'âme a le plus de fraîcheur et d'éclat ; ou elle succombe sous ses propres richesses, ou ses immenses désirs l'oppressent jusqu'à l'étouffer, quand dans le monde entier elle ne possède qu'une couronne de fleurs ; ou elle s'épuise à embrasser l'univers, ou elle languit et se fane d'elle-même. Si à cela s'ajoute la détresse, une vie errante, un pain amer et mouillé de larmes, plus elle se sent ornée, plus son abandon la navre. Dans cette première lutte, où le faible succombe, où le fort reçoit une force nouvelle, le génie adolescent cache autant qu'il peut son cœur saignant sous sa guirlande d'immortelles. Quoi qu'il fasse, son accent le trahit et prouve qu'il est blessé jusqu'à l'âme.

Sous une expression imparfaite et voilée, se découvre pourtant le germe des grandes pensées que Herder développa plus tard. Spectateur passionné d'une littérature naissante (1), il cherche comment ces premiers essais ont été modifiés par l'imitation de l'Orient, de la Grèce, de Rome, des temps modernes ; et rassemblant tout dans cette première vue, poésie, beaux-arts, philosophie, il presse le génie national de se livrer avec indépendance à ses propres voies. S'il assiste à une époque de renaissance ou de déclin, il ne le sait ; de là un mé-

(1) *Fragments sur la littérature allemande*, 1767. Feuilles critiques, 1769.

lange unique de plaintes amères et d'espérances exaltées. Ne rencontrant nulle part ni monuments consacrés par un respect héréditaire, ni aucune des entraves du passé, sa critique peut être à son gré large, fière, indomptée, comme les pensées de son âge. Déjà même le grand artiste se trahit tout entier dans son Examen du génie de la langue allemande. Le sentiment inné du beau dans la parole, et qui se découvre pour la première fois, ses jugement inspirés, le ton du discours plus élevé, l'âme qui enfin s'émeut et s'attendrit, tout annonce un homme qui vient de reconnaître sa mission. En comparant avec orgueil sa langue à d'autres langues, il leur cherche à toutes une règle commune ; l'instinct de l'écrivain devient en lui le premier guide du philosophe.

Une fois sur cette voie, il ne l'abandonne plus ; et puisque l'humanité vit tout entière une et indivisible dans chacune de ses œuvres, il la rencontre avec toutes ses lois fondamentales là où il ne croyait trouver que la théorie d'un fait isolé. A cette époque de sa vie intellectuelle répond son premier discours sur l'origine de la parole. Monument simple et sévère, dont les principes et l'âme de l'histoire font la seule beauté ; là se trouvent entourés d'une éclatante lumière, chaque fait primitif du monde civil, la puissance créatrice de l'activité libre opposée à l'œuvre morte de la sensation, l'unité, la progression, le rapport avec l'espace et la durée ; tout cela, il est vrai, circonscrit à la sphère de la parole, n'est point encore formellement élevé à l'idée d'essence génératrice des choses humaines. Mais le moment n'est pas loin où cette séparation se fera d'une manière éclatante (1).

Comme un habile peintre, avant d'entreprendre le chef-d'œuvre auquel il consacre sa vie, dépose sa première inspiration dans une esquisse soudaine, qui elle-même est une œuvre immortelle, de même Herder fera bientôt l'essai de ses premières idées sur toute l'étendue des siècles. Accord vivant de lumière et d'ombre, de silence et de bruit, d'action et de repos, l'aspect pittoresque de l'unité historique voilera tous les autres de son éclat dans cette soudaine intuition. De chaque point de la durée s'élève un mélange de cris de guerre, d'hymnes, de chants ; un sourd retentissement de ruines, triste, confus, inégal pour ceux qui y sont ensevelis ; mais plus harmonieux pour celui qui le domine, que le chant matinal de l'alouette, que le frémissement de l'onde, que le souffle des vents dans la profondeur des forêts. Il se représentera à lui-même ce spectacle du tout organique du monde civil ; il en tracera à grands traits les contours et les oppositions, il le divisera en

---

(1) Encore une philosophie de l'histoire de 'humanité.

groupes, ou plutôt il fera le dénombrement épique des peuples; et si, à ce début, la vue est encore mal assurée; si une ardeur passionnée, qui mêle et confond tous les tons, trouble la sévère ordonnance des sociétés humaines; si l'enthousiasme tumultueux de la jeunesse brise et précipite la marche solennelle des siècles ; malgré cela, heureux génie, jouis en paix de ta première contemplation ; qu'elle illumine ton âme et s'y imprime à jamais ! C'est le prix de ta détresse passée et le gage de ta gloire à venir.

En effet, depuis ce jour, quoique le tissu entier de ses idées laisse voir encore des nuances variées, il ne fait plus qu'un tout indivisible, une pensée, une œuvre. Un livre explique l'autre; ce qui a été pressenti dans l'adolescence est confirmé par l'âge mûr. La loi même de son esprit se confond avec la progression historique de l'humanité qu'il vient de reconnaître. On s'étonne qu'une âme puisse ainsi se laisser subjuguer et presque absorber par le génie des temps passés, au point d'oublier avec eux ses professions de foi les plus nouvelles, et de passer à leur gré du sensualisme au spiritualisme, de la croyance au doute, du doute à la foi, sans commotions, sans révolte, sans presque aucune impression de changement. Les uns l'appellent épicurien, les autres platonicien; la vérité est qu'il cède au cours des âges. A l'extrémité des temps il reprend seul patiemment et lentement la carrière entière du genre humain et dans sa marche séculaire, changeant de contrées, de patrie, d'images, de cultes, à mesure que lui-même il change d'âge, l'ordre qui nous est imposé dans l'examen de ses pensées, est le même dont la nature a marqué dans l'univers la succession des temps. Au sein de ces formes colossales, oubliant le jour et les saisons, ne réglant plus sa vie que sur les périodes de la vie universelle, sa rêverie se prolonge, se berce, se renouvelle au bruit monotone et permanent du pendule des siècles. Aussi, retenu imprudemment en Orient, était-il trop tard lorsqu'il arriva chez les peuples modernes. Il fallut se hâter vers le terme, et laisser son œuvre inaccomplie.

En rentrant dans la philosophie de l'histoire, la première question qui se présente à nous, est celle des origines humaines, et si nous avons essayé précédemment[1] de montrer combien la solution de notre auteur était incomplète, nous le retrouvons ici laborieusement occupé à combler cet abîme. Toutes les fois que nous avons porté nos regards vers ces premiers âges, alors que la vie enfantait sans relâche de nouveaux prodiges, si nous demandions où était alors le roi de la création, il nous semblait merveilleux qu'on nous le montrât retiré

---

(1) Voyez la *Philosophie de l'Histoire*, p. 44.

dans les ténèbres au fond de quelque antre inaccessible, dans toute l'abjection de la misère, sans nul pressentiment de sa destinée future. Plus nous considérions, sur son lit de roseaux, ce roi tel qu'ils l'on fait, sans voix, sans âme, sans mémoire, ni désir, moins nous concevions comment, sans changer ni de forme, ni d'être, sans nul intervalle appréciable dont il ait conservé le souvenir, nous le trouvions, l'instant d'après, plongé dans le ravissement de l'infini qui éclate dans tout l'Orient, aussi loin, aussi tôt que la vue peut y atteindre. Lui que je viens de laisser dans le sommeil de l'imbécillité, qui lui a donné ces vastes Dieux qu'il trace sur le sable, et dont ma pensée, après tant de milliers d'années, à peine à mesurer l'immensité? Quelle vision l'a sorti de son sommeil et l'a jeté dans ce délire? Ajoutez à cela que l'histoire, dans son ensemble ainsi que dans ses parties, nous apparaissait tout entière comme une vaste et éternelle déduction du général au particulier : c'est le travail du *moi* qui se fait jour peu à peu, se dégage par degrés de ce qui lui est étranger, et aspire à se produire sous la forme la plus libre. Semblable au statuaire qui dépouille son bloc de marbre jusqu'à ce qu'il reconnaisse à la lumière les traits qu'il contemple en lui-même, la personnalité de l'homme au sein de l'univers tend à se circonscrire pour se fortifier, brisant avec les siècles un assemblage qui renaît

avec eux, toujours divisé et toujours indestructible.
D'abord plongé au sein du monde cosmique, il
étend son être sur l'espace et la durée sans bornes.
De son souffle de vie il anime les cieux errants,
les vastes mers. C'est Empédocle qui agite des mouvements précipités de son sein la cime des monts,
les voûtes des forêts, le cours des fleuves. Dans
ce premier culte, embrassant tout, adorant tout,
n'oubliant que lui-même, il a une cosmogonie, une
théogonie, et point d'histoire. C'est l'Inde et l'O-
rient, sitôt qu'il apparaît. De l'univers il descend
aux empires, auxquels son être est si bien attaché
qu'il n'est rien que par eux; sans force, sans
valeur, presque sans nom, soit que de vastes générations se confondent sous une seule personne,
soit que lui-même il ne puisse se distinguer dans
ses prières aux dieux. C'est la Médie, la Perse,
l'Égypte et l'Assyrie. Des empires il retombe par
degrés sur lui-même, quoique son moi, encore à
demi confondu avec la cité, n'emprunte encore que
d'elle sa valeur et son indépendance. La cité se
brise avec la Grèce, avec Rome, et son moi restant seul, dépouillé du signe qui en cachait la grandeur absolue, découvre en lui-même un infini plus
vaste que le premier qu'il vient de parcourir. C'est
l'univers chrétien. Cet infini, il le divise encore,
aspirant après des siècles à ne relever que de soi.
C'est la Réforme, c'est le cartésianisme et ce qui

en est la suite, c'est la fin du moyen âge et l'avenir que j'ignore.

Ne pouvant donc concilier dans l'humanité cette marche synthétique dont l'histoire fait foi, avec cette étroite et presque imperceptible origine qu'ils assignent gratuitement à son cours, ne trouvant entre ces choses aucun rapport logique, également incapable de les accorder et de les nier, je flottais dans une aveugle perplexité ; et si l'homme me troublait parce qu'il meurt, il ne me troublait pas moins parce qu'il naît, ne me laissant de lui par delà le berceau et par delà la tombe qu'une ombre fugitive dont je ne puis même assurer qu'elle est, ni où elle est.

Tel était mon état d'ignorance, lorsque je lus pour la première fois l'un des écrits (1) de Herder les plus importants à tous égards, les *Archives primitives du genre humain*. Pour en apprécier dignement la hardiesse et la grandeur, peut-être faut-il revenir à ce point de départ. Du centre de l'Orient, Herder étend son regard sur toute cette terre de prodige ; il cherche à travers les débris des traditions nationales les vestiges du premier fait psychologique de l'humanité naissante. Des doctrines du sabéisme, du mosaïsme, des religions de la Perse et de l'Égypte, des traditions épar-

(1) *Archives primitives de l'espèce humaine* (Aelteste Urkunde des Menschengeschlechts), 1773.

ses de la Phénicie, de la Thrace, et des souvenirs des écoles d'Ionie, il recompose le premier moi du genre humain. Impression de poésie et de génie, enthousiasme du premier né, puissance sublime dans son apparent délire, et que ne peut retracer que celui qui de nos temps est encore sous son joug. Tout dort dans les ténèbres primitives. Au bord du chaos, sur l'arbre qui vient de naître, l'oiseau repose encore la tête pliée sous son aile, pendant que le monde civil demeure enseveli au fond de l'abîme éternel. Enfin, il paraît, l'esprit de vie; nous assistons à la première leçon que Dieu fait entendre aux hommes par le langage de l'univers. Sa voix retentit par l'organe de la nature entière; le premier rayon de lumière est la première révélation. De même que dans les déserts d'Égypte la statue de Memnon résonne aux premières heures du jour, ainsi la pensée de l'homme, atteinte et ébranlée par l'apparition de l'univers visible, y répond par une soudaine harmonie de symboles et d'idées, de cultes et d'images, fidèle écho du Dieu cosmique. Or nul écrivain n'a représenté plus au vif cette intuition de l'homme sur le monde naissant. Je ne sais quel nom donner à cette psychologie qui découvre l'univers entier, l'espace et la durée sans bornes cachés et renfermés sous chacune des perceptions primitives du genre humain. Elle m'étonne d'abord, puis elle m'éclaire,

me tire de mon sommeil et me découvre un voile
des anciens temps. Cette unité sans limites apparaît successivement à l'homme sous des faces diverses; toujours entière, toujours indivisible, c'est
d'elle que naît toute foi, toute science. D'abord elle
est son Dieu, d'où sortiront avec les âges tous les
dieux qu'il connaît. Bientôt il réfléchit dans ses
actes l'œuvre de la création, qui devient le premier
type d'institution civile. Puis il veut peindre aux
yeux l'impression reçue de l'univers naissant; et
ce symbole devient son premier signe, le premier
accent de sa parole, source universelle de toute
langue, de toute écriture, de tout monument. J'ai
même tort de distinguer dans cette rapide contemplation ce qui fut en soi-même indivisible comme
le tout qui lui servit d'objet; car telle fut cette première intuition qui précède et contient toutes les
autres. Celles qui l'ont suivie d'Orient en Occident
n'en sont que des fragments épars, des ruines mutilées. Et nous, qui voyons dans son enfance le genre
humain se peindre sous mille formes, l'univers qui
l'entoure, s'en faire des emblèmes, de puériles
images qu'il suspend à son cou, qu'il grave sur
son tombeau, quand même nous ne saurions rien
de ce qui a suivi, nous nous informons de sa destinée; nous demandons comment ont fini de tels
jeux, et ce qu'est devenu l'élève du Centaure!

II

A cette question répond le livre de la *poésie hébraïque*, puisqu'il comprend dans son ensemble tout le développement du génie oriental. Avant Herder, quand le sage Lowth veut pénétrer dans la pensée du peuple de Moïse, il commence par s'entourer à bon escient d'une bibliothèque de livres grecs, puis à rechercher dans quelle catégorie d'Aristote il placera les lamentations de Jérémie, où sont les trois unités du drame de Job, si les psaumes sont des idylles ou des dithyrambes. Voilà l'érudit, voyons le poète.

Deux jeunes amis se réunissent avant le lever du soleil sur le sommet d'une montagne. L'obscurité qui les enveloppe encore à demi, mais qui fuit par degrés, le souffle pénétrant des heures qui précèdent le jour, la renaissance graduée de tous les objets, éveillent dans leurs âmes la pensée des premiers jours du monde. Eux-mêmes, en sentant dans leurs cœurs ce doux réveil de toutes choses, croient retrouver en ces rapides instants les premières impressions de l'humanité à son berceau. Lorsqu'enfin la dernière étoile a disparu, que la chaleur, comme le souffle de vie, commence à s'insinuer à travers les feuilles humides des bois, il s'élève du fond de leurs âmes un cantique de grâces à l'Auteur des choses. Au milieu du ravissement où les plongent ces premières heures d'innocence et d'inspiration, ils s'entretiennent de la poésie hébraïque. Mais alors intimement unie au spectacle du lever du jour, cette poésie en est le dernier acte. C'est l'hymne de l'humanité naissante qui célèbre à son tour l'Auteur de la Création, après que, pour l'adorer, les arbres ont incliné leurs cimes et que la fleur des champs s'est penchée sur sa tige. Ainsi l'écrivain tire la critique littéraire de la poussière des livres et des académies, pour l'étendre sur les herbes odorantes des vallées, sur le rideau des forêts, sur l'azur des lacs, sur les eaux, sur la terre, dans le ciel. Il appelle tout l'univers pour commenter quelques paroles échappées au cœur des hommes, et nous, qui pensions lire la dissertation subtile d'un rhéteur, nous ne rencontrons le plus souvent qu'un chant de Milton, qu'un dialogue de nos premiers pères sous les berceaux d'Éden.

L'ouvrage commence par des observations sur la langue hébraïque; mais la philologie considérée sous cet aspect est en effet l'histoire de la première famille, de la première émotion de joie et de douleur. On remonte vers ces âges où l'homme, entrevoyant à peine la rapide succession des temps, et se croyant une stabilité qu'il n'a pas, confond encore à demi dans sa pensée et appelle presque du même nom le passé et le présent, le présent et l'avenir. Il n'a point d'annales à raconter; tous ses souvenirs se concentrent dans son impression actuelle. Aussi il y revient incessamment; il l'étend sans la changer, et ce retour alternatif d'une même pensée, cet écho que l'on nomme parallélisme, détermine la forme dominante de sa poésie. Refluant sur elle-même, elle imite les battements d'un cœur qui, jeune encore, plein de sentiments vivaces, déborde flots à flots par un mouvement continu, toujours varié, toujours semblable. Si dans ses éléments elle apparaît sous la forme de deux chœurs de voix qui se répondent l'un à l'autre ; si ses chants didactiques donnent l'idée d'une leçon enseignée tour à tour à l'enfant par le père et par la mère; si ses cantiques d'amour sont l'écho de deux âmes qui se réfléchissent mutuellement; sous une vue plus haute, expression de la nature extérieure, elle est l'opposition, l'écho, le parallélisme du ciel et de la terre. A l'un est attachée l'idée d'immensité, à l'autre celle de petitesse, d'impuissance. Sur ce fondement, l'infini et le fini, le tout et le néant, se répondent alternativement comme la strophe et l'antistrophe des Grecs. L'homme unit en lui ces deux termes opposés. De l'un il tient son souffle de vie, de l'autre son corps et ses sens. Comme le grain de sable qu'il habite est entouré des vagues espaces du firmament, le cercle de son intelligence est enveloppé de l'infini, de l'éternel. Au-dessus de cette double sphère, il établit une puissance qui la comprend et la règle ; c'est-à-dire l'unité du créateur d'où se révèle, avec l'unité de plan dans les choses, la loi naturelle de la sagesse, de l'amour, de la beauté ; en sorte que cette première poésie fut le premier hymne à Dieu, le premier acte de foi en sa volonté.

Ces principes posés, le livre, tout à coup agrandi prend un essor si rapide, une figure si extraordinaire, si étincelante, que peu de drames offrent dans leur ensemble une scène plus pittoresque, ou plus pressante, plus éloquente qu'une telle critique. Pour recomposer eux-mêmes les principaux éléments du génie des David et des Isaïe, les deux amis s'abandonnent passivement aux impressions que l'univers fait sur eux. Ils écoutent le langage mystérieux de la nature ; ils le traduisent immédiatement dans le langage des hommes. Deux harpes éoliennes suspendues dans une forêt ne répètent pas plus fidèlement les sons que le vent leur apporte. Sans presque aucun concours actif de leurs âmes, ils réfléchissent, je ne dis pas seulement les scènes imposantes de la création, mais tout ce qui arrive jusqu'à eux, le bruit d'une eau lointaine, les derniers rayons d'une étoile, la fleur qui s'entr'ouvre au matin, la rosée que leurs pas ont foulée; et tout cela devient aussitôt, sans effort, sans artifice, sans réflexion, comme par l'essence seule de la pensée humaine, autant de symboles ou d'images du sentiment religieux. Cette poétique d'une forme nouvelle imite ainsi le mouvement de la rêverie. Le vent qui souffle dans les arbres, la pluie qui tombe au fond de la vallée, le tonnerre qui roule au loin, retentissent dans la pensée des deux contemplateurs, traversent avec elle toute l'étendue des âges, et vont expirer par degrés sous les tentes de la Mésopotamie et sur les tombeaux des patriarches. L'objet qui frappe le sens, le retour personnel sur une affection privée, l'ébranlement qui se communique au fond de l'âme et y réveille l'homme primitif, et avec lui les anciens jours, les anciens peuples, le premier culte, le premier hymne, se confondent dans une seule et même impression prolongée à l'infini. Il en résulte que les antiques traditions d'Abraham, de Moïse, de David, d'Isaïe, semblent jaillir pour la première fois du cœur de l'homme avec toute la fraîcheur d'une création soudaine. Incroyable puissance de l'âme, qui n'a besoin que de se recueillir en elle-même pour retrouver dans ses profondeurs, par delà ces vagues chimères et ce secret ennui qui en effleurent la surface, les trésors et les ruines des anciens âges; je ne connais que ce livre qui l'ait, non pas observée ou mesurée, mais aperçue de loin et par instinct.

Dans toute la poésie orientale, le paradis est l'idéal du bonheur de l'homme. Premier rêve de la jeunesse, terre des fables, où les peuples de l'ancien monde ont placé leurs chimères et l'accomplissement de leurs vagues désirs. Là sont leurs espérances illimitées et leurs premiers regrets. Mais tout ce charme, n'est-ce qu'un songe, et l'histoire entière de l'humanité n'est-elle pas cachée sous ces mythes? Outre cette terre d'illusion il en était une autre plus particulièrement propre au génie hébraïque, et dont les peuples de l'Europe ne semblent avoir eu aucune idée. Règne sans forme, sans lumière et sans vie, ce n'est pas le néant, ce n'est pas encore l'Être. Région des ténèbres, que les créatures habitent avant de naître, les âmes des enfants y flottent endormies jusqu'à ce que le souffle de Dieu les appelle sur la terre. Là repose l'éternelle nuit en attendant le matin, et les jours se réjouissent quand ils sont évoqués pour faire partie du cercle de l'année. Cet empire a son roi, et dans ses insaisissables limites il ne présente pas à l'imagination moins de merveilles que les nuages des Scandinaves, ou que les mystiques visions du moyen âge; c'est-à-dire que le monde poétique des Hébreux s'étend par delà la naissance, comme celui des autres peuples par delà la mort, dans l'idée de la survivance de l'âme. Bien plus, un chapitre entier de ce livre est destiné à démontrer qu'il n'est pas vrai que cette tribu du genre humain ait méconnu la croyance de l'immortalité. Cachée sous les idiotismes de l'Orient, elle est seulement plus circonscrite. L'essence de l'homme vient de l'Éternel et y retourne. Le souffle de Dieu qui l'anime est le *Fils de Dieu*, mais un fils déchu, fait pour souffrir et défaillir sans cesse. Victime du monde, il ne revient pas sur la terre, il vit dans le tombeau, sans voix et sans figure. Quelques favoris du ciel, Hénoch, Élie, Abraham, vont, dans l'habitation de leur ami céleste, chercher un meilleur pays de Canaan.

Enfin, de la même manière que nous avons vu l'idée de Jéhovah personnifiée dans toutes les scènes de la nature visible, il faudrait rechercher comment cette même croyance, réfléchie dans le champ des actions humaines, a fait de chaque événement de l'histoire, de chaque détermination individuelle, une figure de la Providence, un symbole de l'Éternel, non moins frappant, non moins vivant que l'arc-en-ciel dans le déluge, le buisson ardent de Moïse, ou les cimes déchirées du mont Thabor. L'histoire d'Abel, cette humble fleur teinte de sang, est la manifestation de sa justice; la ruine de Babel, le symbole de sa puissance; le sacrifice d'Abraham, le type de toute l'alliance, le gage d'une amitié pesante ; la lutte mystérieuse de Jacob, le signe de la domination de sa race qui n'aura rien à redouter d'Ésaü, puisque son chef a vaincu Elohim par son bras, Jéhovah par ses prières.

Mais je me lasse d'analyser ce qui ne peut pas être commenté, et ne le sera jamais. Quand j'aurais suivi les mille détours de cette marche inégale et cent fois interrompue, quand j'aurais recueilli le souvenir de tous les objets, de tous les faits, de leurs formes, de leurs couleurs, quand je n'aurais pas oublié une seule de cette foule d'observations sur les institutions publiques et privées du peuple, sur le caractère de ses chefs, sur la vie et la mission de ses prophètes, une seule des explications de ses symboles, que serait-ce que tout cela, qu'une œuvre fausse, une œuvre morte? Ce qu'il faudrait montrer, c'est un homme de l'Occident, dont la pensée ne se développe en liberté que sous le ciel de l'Orient. Sorti de notre Europe où il ne respira jamais à l'aise, il s'en va de l'Égypte à la Judée sans but apparent, s'arrêtant où il lui plaît, jouissant avec extase de respirer après une longue absence le doux souffle de la terre natale. Il va dérouler sa bible sur le mont Oreb, ou près d'une citerne de l'Idumée, ou sur les fleuves de Babylone ; il va dans le désert chercher les cendres de Job. Néanmoins, il est remarquable que ce n'est point une âme solitaire. Il ne s'enfuit pas à l'écart pour mieux jouir de son culte : nous qui sommes mal préparés à de tels flots de lumière, nous trouverons toujours qu'il ne connaît point assez des secrets de l'homme intérieur. Mais peut-être est-ce pour cela qu'il apparaît au milieu de nous comme un envoyé de l'antique Orient, apportant, avec le parfum des temps passés, l'encens de la Perse, l'or de l'Indus, la myrrhe de l'Arabie. Une marche irrégulière, quoique majestueuse et grave, une éternelle jeunesse, un petit nombre d'idées simples, sur lesquelles il revient incessamment avec un éclat toujours nouveau, rendent ce rapport plus frappant.

Quand nos écrivains orientalistes, à la tête desquels est Bossuet, sont le mieux inspirés, ils ne peuvent, quoi qu'ils fassent, se dépouiller des sombres pensées des temps modernes ; sous la tente des patriarches, ils portent tous les soucis des sociétés vieillies. Au contraire, s'il est un spectacle à la fois doux et charmant, c'est un homme qui a cent fois recueilli dans son âme le souvenir des siècles passés, sans qu'ils aient seulement effleuré de leurs atteintes le premier rêve de sa jeunesse. Cent fois les ruines des empires, les harpes des peuples exilés se sont réfléchies dans l'azur de ce fleuve limpide, il n'a gardé mémoire que du ciel d'Abraham, du palmier de la Mésopotamie et de la cruche de Rébecca.

Ajoutons néanmoins une considération qui m'a toujours frappé. Herder excelle à peindre les peuples dans leurs rapports extérieurs. Nul ne décrira mieux l'influence de la nature visible; il n'y aura pas dans le lieu une circonstance, une image, dans le temps une tradition, un souvenir qui ne soit heureusement placé pour éclairer le passé de sa lumière véritable. Est-ce là tout? il y a peu d'espoir qu'il soit jamais surpassé dans telles parties qu'il me serait facile d'indiquer. Mais cette méthode, la seule convenable pour l'univers des Pline et des Buffon, se trouve singulièrement incomplète quand il s'agit de l'humanité. Outre ce ciel qui s'étend autour d'elle, outre ce monde physique qui l'enveloppe, il est un autre objet qu'elle contemple incessamment, il réagit sur elle d'une manière plus continue, plus immédiate; cet objet, c'est elle-même. Or, ce rapport réfléchi, cette attitude des peuples qui se prennent eux-mêmes pour objet de leurs pensées, à la fois acteurs et spectateurs, dans ce long monologue où l'univers reste muet, sont autant d'aspects auxquels Herder ne s'est point attaché. A travers les formes éclatantes sous lesquelles il fait revivre les nations, rarement arrive-t-il jusqu'au moi intime et permanent du genre humain. Même lorsqu'il examine ce qui semble appartenir de plus près à l'essence de l'humanité, ses institutions, son génie et ses diverses créations, c'est encore comme autant d'influences étrangères, déjà tombées dans le domaine de la nature, et seulement, pour parler avec l'école, sous le point de vue objectif.

Ainsi, pour mieux préciser notre idée, nous demanderons si, pour le peuple hébreux, il était, il pouvait être un spectacle plus poétique que le peuple hébreux lui-même? L'humanité n'a présenté qu'une fois l'image étrange de ce rêve prolongé de tout un peuple, qui, les yeux ouverts, et que l'on croirait dans la veille, mais au reste sans rien voir, sans rien entendre, sans que les pierres aiguës qui ensanglantent ses pieds puissent le tirer de son profond sommeil, est entraîné à chaque pas dans un abîme et croit monter les degrés d'un trône. Pendant que la Perse triomphe, que la Grèce ivre de joie court aux jeux olympiques, que Rome naissante laboure en paix les champs du Latium, où va-t-il, ce favori du ciel, qui lui-même s'appelle le roi des peuples? Les mains liées, comme un vil criminel, il traverse le désert sous la garde de quelques archers du mont Taurus. Or, ce long rêve avait ses intervalles; quand, s'arrêtant près des citernes, ou sur les fleuves de Babylone, le peuple élu apercevait son image dans les eaux; au lieu de la mitre et du sceptre, sa tête courbée sous le poids du jour, ses membres meurtris par la verge et les fers. Alors, jusqu'à ce que le charme revînt, s'élevait un cri de détresse, tel que jamais ni le contemplatif Orient, ni l'antiquité tout entière n'en firent entendre de semblable. De là dans cette poésie deux caractères frappants, dont le monde extérieur ne peut expliquer qu'un seul. Les illusions, les jeux de l'enfance, ses innocentes fables, sa paix craintive, ses naïfs récits ; et dans le même temps, un deuil précoce, une profondeur de douleur qu'ont à peine connus au milieu des sociétés modernes, le Dante, Shakspeare et Bossuet. Ce sont les traits de l'adolescence et presque de l'enfance ; mais où est restée l'empreinte d'une douleur trop poignante pour cet âge ? Encore si jeune, la poésie hébraïque en a été mortellement atteinte ; et quoiqu'elle ait les mêmes goûts que ses sœurs d'Orient, quoiqu'elle fasse partie d'un même chœur, passionnée comme elles pour les fables, les contes, les chants, les danses, il reste dans son accent et sa démarche une ineffaçable marque de souffrance et de deuil.

Le génie de l'Orient ainsi étudié dans ses traditions et sa poésie, il reste à l'examiner dans les ruines de ses édifices ; et l'archéologie de Herder pourrait nous arrêter longtemps (1). Sans se laisser préoccuper d'aucune idée particulière, avec toute l'imprévoyance du poète, il va s'asseoir sur les dé-

(1) *Lettres sur Persépolis.*

bris d'un monument et le laisse agir sur son intelligence et s'expliquer lui-même. Comme si son moi était réellement confondu avec celui du genre humain, ce spectacle n'éveille en lui que des idées, des formes propres à tel lieu, à tel temps; et pendant que l'histoire des Achéménides, des Parthes, des Sassanides, de leurs cultes, de leurs symboles, jaillit de sa pensée, vous diriez le récit d'un vieillard qui revoit les lieux où il est né. Non seulement ce fut lui qui le premier en Allemagne appela l'attention des archéologues sur les ruines de Persépolis, mais il en donna une explication historique que la science semble avoir adoptée. Appuyé sur le prophète Daniel et l'Homère persan, Ferdousi, il pénètre à travers ces colonnes, rend la vie à ces bas-reliefs, aux animaux fabuleux leur sens moral, aux personnages leur caractère traditionnel, et découvre sur ces tombeaux le symbole des institutions primitives de la Perse, et l'apothéose de son roi idéal, Dschemschid. Peu d'écrivains ont dévoilé avec plus de hardiesse les rapports des mythologies de la Judée et de la Perse; en retrouvant dans les visions des prophètes, confuses et mutilées, les mêmes figures qui sont gravées çà et là sur le marbre, on croit entendre un interprète expliquer les images incohérentes d'un songe par les apparitions de la veille. A mesure que le passé se révèle à lui sous de nouveaux aspects, il donne l'éveil à la science, lui trace sa tâche de chaque jour, trouble la paix des érudits par une foule de problèmes où l'Orient et l'Occident sont renfermés. Depuis ce temps, histoire, mythologie, beaux-arts, il n'a pas paru un livre remarquable sur ces sujets où l'on ne sente plus ou moins immédiatement son influence créatrice. Pour parler sa langue, il ressemble à ce lotus sacré des védas qui, balancé sur les eaux primitives, porte au loin dans son calice tout un univers naissant.

Outre ses nombreuses imitations de l'anthologie orientale et classique dans lesquelles éclate au plus haut degré le sentiment de ce qu'il y a de plus délicat et presque de plus insaisissable dans l'existence poétique des peuples, ses études sur la Grèce embrassent tout le cercle de l'antiquité. Sans suite, répandues çà et là dans chacun de ses livres, elles en font néanmoins le lien. Tandis que les formes de l'histoire se succèdent et varient, le chœur grec, toujours présent, souvent interrompu sur la scène du genre humain, en explique le génie et les œuvres, et fournit à chaque période des temps un type immuable de comparaison. Ou c'est le monde d'Homère mis en opposition avec le monde d'Ossian, ou celui de Phidias et de Xeuxis avec celui de Michel-Ange et de Raphaël, ou le Laocoon de Lessing, commenté par le Philoctète de Sophocle. En transportant ainsi un même type à des époques éloignées l'une de l'autre, il en marque la convenance ou la disconvenance avec chaque point de la durée. Lorsqu'ensuite il recueille ces résultats dans une suite de discours sur la théorie des arts, le sentiment du beau, l'influence de la poésie, aucune critique ne se trouve plus large et plus féconde. Si l'œuvre des métaphysiciens de son temps est d'avoir déterminé dans l'absolu la sphère des facultés de l'homme, la tâche de Herder a été de soumettre les jugements, le goût et la raison pratique des peuples à l'expérience de l'histoire.

## III

De l'antiquité au moyen âge, le passage est marqué par une suite nombreuse d'ouvrages sur les sources et l'esprit du mosaïsme et du christianisme, dans lesquels les religions de l'Orient se laissent peu à peu pénétrer par le sens réfléchi du monde moderne. Les premières idées de l'auteur sur ce sujet furent développées dans son *Prédicateur*. C'est un jeune ministre dans la première ferveur du zèle évangélique, et que la majesté de sa mission trouble encore d'une émotion confuse. Il faut qu'il retrace au monde la dignité du sacerdoce dont son âme est remplie. Lui qui vient d'être indissolublement uni aux patriarches, aux prophètes, aux premiers législateurs, aux premiers poètes de l'antiquité, quels plans de doctrine n'embrasse-t-il pas! Quel idéal de vertu, quels rêves d'éloquence! Sans doute c'est la vision sur laquelle il veut régler sa vie. Pourtant il est encore dans la lutte, flottant entre la tradition et la nature, sans pouvoir s'expliquer ni sa foi ni ses doutes. Il cherche et ne peut découvrir la loi qui doit concilier sa croyance et sa philosophie. Où l'explication lui manque, il s'abandonne à la tradition révélée, se couvre de son ombre, puis attend des jours meilleurs sans inquiétude, comme sans empressement.

Déjà la scène a bien changé dans les *Lettres sur l'étude de la théologie*. Le jeune prédicateur est alors un homme dans la maturité de l'âge ; il aide de ses conseils paternels l'inexpérience d'un néophyte. Déjà le combat est terminé, qui agitait son âme sans la troubler. La science et la croyance, l'Écriture et la nature se balancent et s'interprètent l'une l'autre ; la science de l'ange est devenue la science de l'homme.

Combien n'a-t-on pas abusé de ces mots : *nature, raison, grâce, écritures, révélation?* Si ce sont là des dons du même Dieu, probablement ils sont loin de s'exclure et se contiennent l'un l'autre. A la nature vous opposez la lettre ; mais la nature est elle-même un livre assez vaste qui existait quand rien n'avait encore été gravé ni sur la pierre, ni sur le bronze ; et la tradition peut-elle être autre chose que le commentaire de ces premières archives ? Reste donc à considérer la révélation, sous un point de vue plus large, comme l'institutrice de la raison humaine. Est-ce à dire que nous ne trouverons ici que l'éternelle logomachie de ceux qui vont renverser la raison pour fonder sur la raison je ne sais quel arbre mystique sans racine et sans sève! Au contraire, la première règle des Écritures sera de se plier, ainsi que le langage d'une mère, à l'intelligence de tous. La révélation n'émanera d'en haut, elle ne sera juste, elle ne sera vraie qu'autant qu'elle sera promptement et complètement comprise, non par le ciel, mais par la terre, par l'homme tel qu'il est aujourd'hui. Si ces facultés se développent ou varient, la croyance suivra ces changements, grandira et défaillera avec la raison publique. Tout ce que l'humanité peut voir à chaque époque de sa vie, la religion le verra de même, mais pas un rayon de plus. Puissance véritablement incarnée dès l'origine, elle se développera dans toute l'étendue des siècles, avec toutes les formes de l'existence humaine, parlant, voyant, entendant par la bouche, les yeux et les oreilles des peuples, sans jamais rien produire qui ne naisse nécessairement du concours des choses contemporaines; c'est ce rapport exact qui constituera sa beauté, sa vérité, son divin caractère. Plus la révélation sera conforme à chaque âge du genre humain, plus elle semblera remplie d'une céleste vertu.

Telle est la nature des choses. Mais pour nous, qui voulons la connaître et n'occupons qu'un point au sein de cet éternel changement, par où commencer notre étude? Par la révélation dans son type absolu, ou par l'intelligence dans son mou-

vement progressif, par la doctrine ou par l'histoire ?
Il s'agit de l'univers entier dans cette classification.
Heureusement elle est déterminée par les réflexions
qui précèdent. Admettre (et comment s'en défendre ?) que, s'il y a eu une révélation, elle a été faite
pour la raison humaine, c'est prononcer en d'autres termes que pour savoir ce que fut la révélation, il faut savoir ce qu'elle dût être, ou ce que
l'homme a pu comprendre. Nous ne connaîtrons les
limites de la parole qu'en connaissant les limites de
l'intelligence ; si nous suivions une marche inverse,
débutant par la tradition et finissant par la nature,
nous courrions grand risque de nier ou d'affirmer,
de la première, des choses sur lesquelles la seconde
a porté avant nous des jugements contraires. Cependant, nous n'aurons rien fait encore, si nous
nous arrêtons à l'examen de l'état actuel de la pensée. Comme le psychologue, en vain aurions-nous à
grand'peine constaté, comparé, classé les faits dont
l'homme intérieur compose aujourd'hui sa science,
nous n'aurions que le droit de juger d'aujourd'hui.
Il faut que nous répétions incessamment ce même
examen, sous des formes diverses, depuis Moïse
jusqu'aux tribus conduites à Babylone, jusqu'au
prophète du Jourdain, jusqu'au Dieu-Homme, sans
oublier les temps qui ont suivi jusqu'à cette
heure. Plus nous serons près du simple, c'est-à-dire de la nature des choses, plus nous serons près

de Dieu. Nous n'y parviendrons vraiment que si, remontant, descendant, traversant en tous sens la suite entière des siècles, et nous asseyant au foyer de chaque peuple, notre âme est assez grande pour vivre, souffrir, aimer, croire, espérer avec chacun d'eux, dans toutes les contrées et tous les âges. D'où il suit que toute question de théologie se résoudra dans une question d'histoire. Notre polémique sera de l'archéologie; nous ne saurons sur les dogmes que ce que nous en apprendra l'étude comparée des langues et des traditions populaires.

Quoi ! tant d'efforts n'aboutiront qu'à retrouver sur les croyances hébraïques la science du jeune Tobie ou des moissonneurs de Booz? En effet, nous n'avons rien en France qui donne l'idée de cette critique calme et ferme, appliquée sans amour et sans haine aux livres sur lesquels repose la croyance nationale. Ceux qui l'ont sérieusement tenté ont subi l'amer supplice de Pascal, et, sentant leur chimère s'échapper, ils n'ont pu achever. Tous les peuples modernes pouvaient servir à la philosophie; je ne connais que l'Allemagne où pût naître la véritable Exégèse. Là seulement le sentiment religieux s'est trouvé assez fort, assez confiant en lui-même pour consentir à s'examiner au grand jour, non par le besoin de s'éprouver, mais par celui de se connaître, de savoir d'où il vient, où il va, ce qu'il fut, ce qu'il doit être. Là seulement il a été assez riche pour consentir, sans crainte de s'appauvrir, à perdre ce que ne confirmerait pas la science. Que serait-ce s'il n'avait fait que se retremper en s'éclairant! Or, s'il survit à ces longues épreuves, ne pensez pas que la poésie qu'il tenait du mystère disparaisse avec lui. Moins le génie religieux craint de se mésallier, plus il s'étend, plus son univers devient libre et spacieux. Véritablement, quand on a lu ces lettres, il semble qu'on connaissait mal auparavant la puissance créatrice d'une âme en travail. A peine l'histoire et la philosophie ont-elles comblé un abîme, l'esprit se creuse un autre gouffre et invoque une autre solution. A mesure que la lumière augmente, la pensée se replie, se crée une chimère nouvelle ; et ces vains efforts de la science pour embrasser le cœur de l'homme, et du cœur de l'homme pour s'en laisser pénétrer, ces deux puissances qui se cherchent et s'enfuient à l'infini, sans pouvoir jamais se confondre ni s'absorber l'une l'autre, sont le plus vivant témoignage d'une vérité éternellement impalpable, éternellement irrécusable, éternellement la source et la fin de toutes les autres.

De tous les écrits de Herder, et ils sont nombreux, les moins brillants et les plus touchants, ceux qui ont le plus de charme, et le charme le plus vrai, le plus pénétrant, qui va le plus au cœur, ceux que l'on voudrait relire le plus souvent, sont ses *écrits chrétiens*. L'élan poétique y est presque nul ; point de disgressions; point d'épisode; nul effet oratoire ; un récit qui tient plutôt de la sécheresse de la chronique ; et cependant rien ne vous ravive, rien ne rafraîchit votre sang comme ce simple commentaire. Pourquoi cela ? parce que vous avez vécu quelques heures sous le ciel de la Judée, aux bords des lacs de la Galilée, à l'ombre des figuiers de Béthanie, de la vie de ces pêcheurs qui quittaient leurs filets pour suivre le Messie. Vous sentez comme eux la curiosité qui vous attire, un secret ascendant qui vous retient, l'admiration qui naît, puis l'amitié, l'amour, la charité fraternelle, enfin, la conviction, l'ardente conviction qui a soif de se répandre et cherche le martyre. Aujourd'hui que nos cœurs glacés, notre imagination tarissante ne conçoivent plus, ne produisent plus que de tièdes amitiés, des transports raisonnés, mais plus de vrai enthousiasme, plus de fraternité, plus de liberté, plus de convictions, parce que nous ignorons la force du ressort moral, nous appelons miracle tout ce qui échappe à nos chétives et languissantes étreintes. Herder interroge chacun des sentiments naturels, afin de savoir quels prodiges ils peuvent enfanter, et il trouve que le cœur de l'homme est encore assez grand pour expliquer toutes les merveilles du christianisme. Considérée sous cet aspect, je ne sais si la puissance visible de l'Auteur des choses ne paraît plus assez ; ce que je sais, c'est que nulle part la puissance de l'âme n'éclate à un si haut degré. Si la divinité se manifeste avec moins de pompe au milieu des éléments et de la nature extérieure, elle se retire et jette plus d'éclat dans la conscience de l'homme. Moins il se fait de miracles sur les bords de la Tibériade, plus il y a de miracles d'amitié, d'amour, d'admiration, d'héroïsme. Il y a moins de tempêtes apaisées sur les lacs de la Galilée, mais au fond des âmes plus de douleurs consolées ; un éclat moins merveilleux sur le sommet de la montagne, mais dans les cœurs plus d'espérance, plus d'avenir, un culte plus profond, un rayon plus céleste.

Le commentaire sur saint Jean appelle surtout notre attention. Peu avant sa mort, un vieillard recueille dans l'exil les souvenirs de sa jeunesse. Il les embellit par le prestige de l'éloignement, fidèle à l'ami dont il a reçu le dernier souffle, il oublie ce qu'il y avait en lui de terrestre et n'en voit plus que l'immortel et le divin. Né dans l'Égypte des Ptolémées, placé entre le culte de la Perse et la Grèce platonicienne, il les unit dans sa pensée et fait le lien du christianisme naissant avec ces antiques doctrines du genre humain. C'est à la fois une profonde étude morale et un grand spectacle de voir ainsi se réfléchir et s'ordonner les souve-

nirs individuels du disciple bien-aimé, sous les
formes inspirées de la mythologie de Zoroastre et
de Platon. Saint Jean recueille dans son âme ces
traditions philosophiques déjà près de s'évanouir,
il les ranime du souffle saint de l'amitié, de l'espérance, de l'éternelle jeunesse ; et son Évangile devient ainsi un vaste symbolisme, où se concentrent
de toutes parts les vagues pressentiments de l'univers. Trop éloigné du temps dont il raconte l'histoire pour en suivre servilement le fil, il le brise
et le renoue à son gré. Bien plus, ces scènes qui
se succèdent dans son livre divin sont des faits allégoriques, des figures animées, sous lesquels il
enferme la doctrine de son maître. Inséparables
l'une de l'autre, ces allégories se tiennent, s'enchaînent, se préparent, se confirment mutuellement;
chaque miracle est une parabole qui a son enseignement et sa vertu intérieure. Le prodige explique
le précepte, le précepte explique le prodige ; il n'est
pas dans ce tableau un groupe, une figure, un personnage, un trait, qui ne soit un type, une image
vivante de l'éternelle et impalpable vérité. La colombe qui descend du ciel n'est-elle pas dès l'origine des siècles l'emblème de l'esprit de douceur
et de paix ? Le prodige de l'eau changée en vin,
n'est-ce pas la pensée renouvelée, la force où
était la faiblesse, la sainteté où était la corruption ?
La multiplication des pains, n'est-ce pas la pa-

role qui se répand sans s'épuiser, l'esprit du genre humain dont le moi du Christ fait l'aliment éternel? Vous demandez s'il est le Fils de Dieu? Comment la vérité ne serait-elle pas Fille de Dieu? Comment la parole de vie ne sortirait-elle pas de l'Auteur de toute vie? Oui, il a fait des signes, il a paru éclatant de lumière sur le mont Thabor, puisque l'Évangile tout entier est une sublime transfiguration de sa vie; en vérité, il a mieux fait encore que de ressusciter le Lazare; il a tiré du sépulcre l'humanité déjà à demi corrompue depuis plus de trois jours; il l'a délivrée de ses bandelettes, il a déchiré son linceul; il l'a éveillée à une vie qui ne doit plus finir.

Une pensée naît en lisant ces écrits. Soit misère, soit grandeur, l'humanité s'ignore si bien qu'outre son culte légitime, elle est toujours près de s'adorer comme un être supérieur et de s'incliner devant son ombre. Mais le Dieu qu'elle sert n'est pas moins généreux qu'elle; tôt ou tard il rend à l'homme ce qui appartient à l'homme. Le fini se contemple au sein des temps comme l'infini au sein de l'éternité; mais, loin de s'apercevoir comme lui d'un seul et même regard, parce qu'il ne vient à se connaître que par parties, à mesure qu'il commence à découvrir en soi de nouveaux abîmes, il y fait descendre un Dieu pour les combler. Pendant de longs siècles il y plonge des coupes d'or, des trépieds d'airain, et l'écho lui répond en se rapprochant chaque fois. Lorsque enfin la lumière éclate, l'homme aperçoit avec orgueil que ces vagues espaces tout remplis de ses temples ruinés, de ses symboles, de ses idoles, de ses faucilles sacrées, de ses guirlandes de verveine et de gui, font partie de lui-même et se meurent avec lui.

## IV

Le moyen âge a fourni à Herder une suite de poèmes sous le nom de *légendes*, où le sens grec fait quelquefois effort pour descendre à la naïveté des traditions des monastères ; mais, en ce qui touche à ces temps, l'œuvre véritable de Herder a été d'associer au génie de l'histoire, des monuments qui en étaient jusque-là exclus chez les modernes. Frêles archives, et cependant immortelles, que le vent emporte au loin avec les feuilles des bois, nous ne pouvons ici qu'en indiquer rapidement le caractère (1).

Comme autant de moissonneuses qui cherchent à alléger le poids du jour, les nations haletantes, courbées sous la main qui les presse, s'en vont en chantant dans leur longue carrière. Chaque période nouvelle de croissance ou de déclin fait naître un chant nouveau ; et, frivoles et vains, les peuples oublient, plus promptement que ces monuments si fragiles en apparence, l'émotion des révolutions et le nom de leurs oppresseurs. Il ne faut

---

(1) Voix des peuples dans les chants. *Le Cid*, d'après les romances espagnoles.

pas longtemps pour que le bruit des batailles s'éteigne et que les marguerites des champs couvrent les tombes des chevaliers ; mais, après de longs siècles, les jeunes filles viennent encore sous les voûtes de l'Alhambra répéter les romances d'Abénamar, du roi Juan et des guerres civiles de Grenade ; le montagnard d'Écosse prolonge ses soirées en entonnant les ballades d'Édouard, de Robin Hood, des querelles de Percy et des Douglas ; les enfants du nord de l'Allemagne grossissent leurs voix pour répéter les accents rudes et surannés des Meistersængers du moyen âge ; et tous ceux qui passent près de là, sentant la puissance des vieux siècles, disent en eux-mêmes : « En vérité, « jamais je n'entendis ces chants sans être plus « ému que par le bruit du clairon ; pourtant ceux « qui les psalmodient sont des enfants et des men- « diants aveugles. »

Le rare mérite de Herder est d'avoir reproduit dans le rythme original les plus remarquables de ces poèmes, convaincu que le ton, la cadence, l'accent musical en font véritablement l'essence, et que, détachés de ce fond nécessaire, il en reste à peine l'ombre. Ainsi réunis, ils forment une sorte d'histoire universelle, où le retentissement des empires, réduit à une impression fugitive, à un soupir de l'âme, se prolonge sous une forme irréfléchie de générations en générations, dans la conscience des peuples. Non seulement l'historien y retrouve les grands rapports des races, les haines et les affections nationales; ces chants séculaires répandent sur les classes inférieures l'intérêt des longs souvenirs, et concourent au maintien de la dignité morale. Du fond des vallées et des forêts, du bord des haies et des ruisseaux, de naïfs rhapsodes font entendre des stances épiques, qui à chaque point de la durée forment le lien du peuple avec le passé, attachent au pays où l'on est né, et associent à l'honneur des temps antiques ceux qui en ont supporté tout le fardeau. Poursuis ta complainte dans tes bruyères, heureux enfant, et que cette guirlande de verveine te soit une auréole de gloire. Ton ancêtre fut un des Bardes de Fingal, et c'est sur le tombeau du roi de Morwen que commença ce triste chant d'adieu qu'il t'a légué. Repose-toi sur ton sillon, vieillard rempli d'années ; que tes gerbes soient dorées, que tes troupeaux soient abondants : il portait le même nom que toi et mourut près de ton champ, celui qui sauva dans Alcocer la bannière du Cid et atteignit de sa dague le chef des mécréants. Bénie soit cette tour à demi ruinée, que le lilas et le chèvrefeuille l'ombragent de toutes parts ; que l'oiseau le plus aimé du ciel y fasse chaque année son nid. Berceau d'une Iliade nouvelle, dans ce manoir vécurent, plus renommés que les Héraclides des Grecs, les quatre fils Aymond, dont l'histoire, née des chants et répétée sous le chaume, étend l'horizon du pâtre de la vallée par delà la cour tudesque de Charlemagne, jusqu'au tombeau du prophète de l'Arabie et aux palais des Péris de l'Iran.

Dans l'impuissance d'analyser isolément la foule des fragments de notre auteur sur la civilisation féodale et chrétienne, si nous cherchons à les comprendre sous une seule pensée, nous trouvons que tant que l'activité spontanée domine dans le genre humain, Herder est son historien fidèle. La haute antiquité étant comme lui-même poésie, il en est un sûr interprète. A peine la réflexion commence à se développer, l'alliance est moins parfaite ; déjà Rome lui est moins familière que la Grèce, la Grèce moins que l'Orient. L'élément rationnel dont il put négliger dans la Judée le faible germe continuant à grandir, l'horizon du contemplateur se circonscrit chaque jour avec le règne de l'intuition. De là, au moyen âge, il poursuit les derniers rayons de lumière primitive, qui, émanés de l'astre naissant de l'humanité, après avoir effleuré les cendres des âges, se révèlent encore, quoique pâles et peu nombreux, non plus dans les institutions et les cultes, mais dans les inspirations de la muse lyrique et quelques fragments d'épopée. A mesure que, la poésie cédant à la science, la religion à la philosophie, l'existence des sociétés s'approfondit davantage, porté par une direction constante vers les sommités idéales, il se trouve, presque étranger aux nations modernes, planer sur elles de la région où se forment les mythologies et les révélations. Enfin, de ces hauteurs que, sous les théories du *Phèdre* et de la république platonicienne, on se représente tantôt nettes et précises, tantôt confuses comme la vision d'un prophète; les scènes du monde moderne, que la narration soit fréquemment et brusquement coupée par le dithyrambe, en sorte que de tout cela résulte un vaste éclectisme dans la forme et dans l'idée, et que de chaque point de l'histoire les peuples soient appelés à juger dans les dernières générations le produit de toutes les autres, on aura conçu le plan qu'il appliqua presque à son insu à l'étude des temps les plus voisins de nous, et qu'il réalisa dans l'Adrastée.

## V

Cet ouvrage est en effet le spectacle de la lutte de deux principes distincts, le génie de l'Europe moderne, et une âme sortie de l'Orient qui souffre et se trouve à l'étroit au milieu des formes réglées du monde de Louis XIV. De là, ces dialogues fréquents qui interrompent le récit et où l'Occident et l'Orient sont aux prises. Vous diriez un brahme transporté dans les jardins de Versailles, à la cour de la reine Anne, dans les chantiers de Pierre le Grand, parmi les armées de Charles XII, dans les sociétés des poètes et des philosophes. Il les juge avec un merveilleux bon sens, quoique, souvent, fatigué d'un monde qui n'est pas le sien, il ait besoin de se recueillir à l'écart, et de revenir à ses contemplations habituelles et aux souvenirs de l'Inde et de la Perse. C'est ainsi qu'en présentant des vues très étendues sur l'influence morale des découvertes des Leibnitz, des Keppler, des Newton, il s'interrompt brusquement au milieu d'une nuit d'été pour rêver, à la clarté des étoiles, de l'éternelle métempsycose et du rapport de la lumière à la pensée. On entend des voix invisibles chanter des hymnes, des chœurs antiques. D'autres fois, après avoir exposé simplement quelques idées propres à la philosophie de son temps, lorsqu'il semble le mieux appliqué à les réfuter, une harpe éolienne retentit tout à coup, et avec elle un des chants enivrants du Midi. A peine le chant a-t-il cessé, qu'une jeune Néri arrive d'Orient, et sous la fable qu'elle raconte, il y a à la fois tant de sagesse, de vérité, de grandeur, qu'en dépit du sophisme de Mandeville, il se répand sur tout le dix-huitième siècle un parfum antédiluvien de poésie et de vertu. L'histoire rapide des missions étrangères le ramène au bord du Gange, dans l'archipel indien; et tout le génie de l'Orient est dans le peu de paroles qu'il place dans la bouche des indigènes pour défendre les traditions de leurs pères. Lui-même ne s'intéresserait à l'établissement du christianisme dans ces lieux que si l'Évangile pouvait y descendre comme la rosée, sans changer la figure des objets. Les formes nationales sont pour lui des vases sacrés sortis de la main de Dieu avec l'univers qui les conserve; et le spectacle varié qu'elles présentent, lui semble le seul culte extérieur digne de l'Auteur des choses. On conçoit au reste ce qu'il doit y avoir de fécond dans cette opposition constante des deux extrémités opposées de l'humanité. Ramenée pour quelque temps aux lieux où elle est née, elle raconte avec orgueil après ce long voyage quelles ont été ses œuvres, quels fruits elle rapporte. Mais la sagesse antique, qui avait espéré mieux, la réprimande avec autorité ; et, s'abandonnant à ses pressentiments, décrit une nouvelle Atlantide.

Ayant ainsi parcouru à grands pas toute l'étendue des temps et des lieux, Herder veut revoir les mêmes objets, mais d'une manière plus familière, plus intime. Au lieu d'une marche épique, ce ne sera qu'un simple pèlerinage. Plus de longs traités, plus de monuments, plus de livres ; de simples lettres familières (1), et encore à quelques amis, auxquels il pourra décrire son impression la plus secrète et faire librement sa profession de foi sur chaque culte, chaque illusion du genre humain ; éloquente chronique de l'humanité, ce livre réunit ainsi l'attrait de l'intimité et des sentiments individuels au spectacle général de la société civile. Quelques écrivains, dans leurs mémoires privés, ont répandu un charme étonnant sur certains lieux où ils ont longtemps vécu. Ces lettres causent une impression semblable, avec cette différence qu'au lieu d'une retraite au pied des Alpes, qu'au lieu de l'ombrage d'une forêt, de la fraîcheur d'un lac, c'est telle forme, tel âge de l'humanité où l'écrivain aurait voulu se circons-

---

(1) *Lettres sur les progrès de l'humanité*, 3 vol., 1795.

crire. Plus souvent, sa marche errante est celle d'un homme qui brise le fil chronologique avec lequel il s'est dirigé jusque-là, et, sans autre guide qu'une synthèse inspirée, court à l'aventure tenter des voies nouvelles. Cette entière liberté donne une admirable activité à sa pensée. Il suit tous ses pressentiments, accourt à tous les bruits, quitte Homère pour Franklin, Franklin pour Luther, Luther pour Frédéric, va, revient, s'égare, tantôt arrive à de vagues bruyères, tantôt à des lieux inconnus où il a devancé la science.

A l'appui de ce que je viens de dire, quelle preuve que le cinquième livre ! L'auteur est à Rome, enfermé dans les salles du Vatican. Sans témoin, il se livre d'abord à l'impression poétique des objets, et Winkelmann seul égale ce premier et soudain enthousiasme de l'artiste. Peu à peu naît une rapide réflexion qui se fixe et se développe. De la contemplation de ces groupes épars, il s'élève à la pensée religieuse et sociale de l'antiquité. Il erre au milieu de ces marbres comme parmi des êtres animés ; il leur parle, il les interroge, il les fait descendre jusqu'à lui, il apprend de chacun d'eux d'où ils viennent, quelle pensée les a fait naître. C'est le monologue passionné de Pygmalion, qui sent peu à peu s'animer et respirer sous le marbre le génie de la Grèce primitive lorsqu'elle inventa ses dieux. La mythologie étant pour Herder un symbole de l'humanité idéale, il part de quelque chose supérieur à l'homme pour retrouver et expliquer l'homme. Difficilement croirait-on tout ce que cette méthode, qui lui est étrangère, lui inspire ici de grand, de hardi, d'éternellement vrai. Non seulement ces innombrables figures mythologiques, pour lesquelles tout l'univers semble à peine assez vaste, réfléchies dans le cœur de l'homme, y portent une étonnante lumière ; elles en font apercevoir aussi la grandeur infinie. Heureux si, guidé par les torches des autels, par les statues, par les groupes des dieux, par les pierres funéraires, il ne se fût pas arrêté à l'entrée de ces abîmes intérieurs. Peut-être je saurais ce que j'ignore, et ce que nul ne peut me dire, s'il n'a tenté ces voies.

Sous un autre aspect, ces lettres se distinguent par l'expression vive et pure de l'amour du pays. Plus l'auteur a vécu dans un monde éloigné, plus il revient avec joie s'associer à la gloire naissante de ses amis, de ses maîtres, de ses frères d'armes. Rien n'est beau d'une beauté antique, comme les conseils qu'il donne à son pays au retour de ses immenses voyages à travers les siècles. Il semble que tant de travaux n'ont été entrepris que pour lui léguer le tribut de l'expérience acquise dans le commerce de tous les temps. Pendant que l'Allemagne, encore incertaine, doute de son gé-

nie, comme il relève avec orgueil ses espérances !
lui qui vient de parcourir toutes les phases de l'humanité, sa voix a quelque autorité, quand il assure
que nulle part il n'a trouvé une seule forme stable
où la pensée puisse remonter et se circonscrire.
Au milieu de cette société d'hommes, tous nouveaux,
presque du même âge, véritable pontife, Herder
bénit leurs travaux, les encourage, les ranime,
leur distribue des couronnes, des étendards,
élève des pierres funéraires à ceux qui succombent avant l'âge. C'est un ami qui met sa gloire
dans son ami, un frère dans son frère, un disciple
dans son maître. Tout a sa juste place, que l'affection a embellie, la chanson populaire de Gleim et
l'hymne de Klopstock, le génie ferme de Lessing
et les oracles de Hamann, la poésie tempérée d'Uz
et de Kleist, et l'humeur indomptée, les imaginations colossales de Jean Paul, les controverses de
Jacobi, les drames de Schiller et de Gœthe ;
nous choisissons, pour les citer, quelques lignes
du portrait suivant.

« J'ai eu le bonheur de connaître un philosophe
« qui fut mon maître. Dans ses plus brillantes
« années, il avait la franche gaieté d'un jeune
« homme, et elle l'accompagna jusque dans sa
« dernière vieillesse. Sur son front ouvert et fait
« pour la méditation brillait une sérénité, une joie
« inaltérables ; la grâce, une élégance naturelle ne

« l'abandonnait jamais, et rien n'attachait comme
« ses savantes leçons. Le même génie qui sou-
« mettait à son examen Leibnitz, Wolf, Baum-
« garten, Crusius, Hume ; qui développait les lois
« naturelles de Keppler, de Newton et de la phy-
« sique générale, recueillait avidement les ou-
« vrages alors nouveaux de Rousseau, son Émile,
« sa Julie, toutes les découvertes des sciences
« naturelles, sans jamais perdre de vue les lois et
« l'essence de l'homme moral. Histoires des peu-
« ples, de la nature, sciences positives, mathé-
« mathiques, expérience, voilà les sources de vie
« qu'il répandait dans son enseignement. Pas un
« seul objet ne lui était indifférent. Point de ca-
« bale, point de sectes, point de préjugés. Jamais
« l'ambition d'un nom n'eut pour lui la moindre
« valeur, mis en balance avec les intérêts de la
« vérité. Le bonheur de penser était tout le fruit
« de ses travaux, et rien ne fut plus étranger que
« le despotisme à son esprit tolérant. Cet homme,
« que je nomme ici avec la plus profonde recon-
« naissance et le plus haut respect, est Emmanuel
« Kant. Son image restera précieusement dans
« mon cœur. Je ne graverai pas sur sa tombe
« l'inscription barbare que lui a consacrée un
« philosophe très peu digne de ce nom ; mais il
« me sera doux de l'appeler un Socrate et d'es-
« pérer avec lui, qu'après que les épines des so-

« phistes auront été arrachées, sa philosophie
« réchauffera de nouveau le germe de la raison,
« de l'intelligence, de la loi morale dans leur au-
« guste pureté; et cela non par la domination
« aveugle d'une doctrine absolue, mais par le
« principe de la liberté intérieure. »

# VI

Après le drame du genre humain vient l'épilogue (1). Comme si l'écrivain était étonné de sentir les formes des peuples lui échapper si vite, il en poursuit encore l'image dans l'Élysée. Cette paisible histoire des ombres, qui s'efface par degrés; ces vagues murmures qui se prolongent, sans se confondre, sous le tertre des Celtes, sous le marbre des Grecs, sous le dattier du sauvage, achèvent l'histoire politique; et il y a un mélange inexprimable de philosophie et de rêverie, lorsque de l'immense mausolée, où sont ensevelis l'Orient et l'Occident, s'élève le chant d'adieu d'une jeune Indienne, à ses fleurs, à son ruisseau qui fuit, à sa cabane de roseau, A ces traditions nationales, se mêlent çà et là quelques méditations brillantes de poésie sur la survivance de l'âme et la palingénésie des formes. Mais cette sérénité dans le doute, cet éclat de fête là où vous vous attendez à trouver le deuil, vous étonne. Cette voix enchanteresse ne peut endormir l'âme. En vain, pour apaiser sa

(1) *Postscenien.*

soif de l'infini, Herder lui présente comme un leurre l'immortalité historique dont le genre humain est le principe et la fin ; l'âme humaine ne peut s'arrêter dans ces jardins d'Armide; bientôt il faudra que lui-même cherche ailleurs un refuge plus assuré.

En effet, si l'univers visible privé de Dieu semble s'égarer à l'aventure, si dans ce dénûment il se fait dans les cieux, sur les eaux, sur la terre un silence de mort, de loin à loin un cri de détresse, mais au reste plus d'harmonie, plus d'écho, plus de sympathie, plus d'être ; un songe, une fable, une insaisissable chimère, qu'est-ce à dire, et dans le spectacle de la durée, nous laissons-nous imposer par le bruit des ruines? Qu'une pierre se détache de l'édifice des générations humaines et tombe avec fracas, est-ce le Néant ou l'Être? Encore dans le monde naturel, j'aperçois une sorte de permanence où ma pensée peut s'arrêter un jour. Pour être éphémères, ces vastes cieux, ces astres immobiles, ces rochers, ces lacs, ces grottes, ne périssent pas d'une seule fois et sans retour. Le vent qui gronde au loin ne comblera pas la vallée du soir au matin; cette pluie, qui refroidit mon cœur, ne changera pas le cours du fleuve. Tels que mes pères les ont vus, tels je les verrai demain, après-demain, toute ma vie; et si, trompé par cette immutabilité feinte, je m'y confie sans m'effrayer, et sans rien chercher au delà, mon égarement se conçoit, je ne dis pas qu'il s'excuse.

Sur ce fondement, loin que cet éternel changement de peuples, de langues, de destinées soit pour moi un vain amusement à ma curiosité, il ferait l'effroi de ma vie, s'il n'en faisait la force. Mais de ce concours de choses incertaines et flottantes, je tire avec une irrésistible foi l'idée d'une cause première, immuable autant que supérieure à la durée. Quand, flétrie par l'habitude, ou resserrée par les ennuis, mon âme se fermerait au langage de la nature, je ne pourrais du moins me soustraire pleinement aux souvenirs que m'a laissés le genre humain. Je ne pourrais tout à fait effacer de ma pensée les noms de ces peuples qui remplissent toutes les bouches; et ma démonstration de Dieu la plus frappante, la plus imminente, se tirerait encore de ce spectacle du passé, où tout vacille et semble se confondre. Je me dirais : où tout périt ne cherchons pas l'être; ne nous faisons pas notre idole de Babylone, de Ninive, de Memphis, ni de Rome. Mais l'ombre suppose l'objet, l'accident suppose la substance, et je ne vois rien, je n'entends rien à ces empires épars, à ces colosses, à ces tombeaux, si je n'aperçois au-dessus d'eux, différente d'eux, une cause suprême et permanente qui les renferme dans son sein pour en faire un seul tout.

Si donc l'histoire est la plus haute puissance de la nature, elle n'est pourtant, comme elle, que la science des modifications. Dans le même torrent dont elles ne peuvent ni comprendre, ni suspendre la fuite, également ignorantes, également imprévoyantes, l'une laisse tomber ses générations de peuples et d'idées, l'autre ses globes d'or et ses feuilles de saule. Mais leur parenté vient de plus loin, et toutes deux ne se ressemblent tant que parce qu'elles sont la figure changeante d'une indivisible unité. Soit qu'elles entrelacent dans le même univers leurs attributs mutuels, l'espace et la durée, le corps et la pensée, soit qu'elles mêlent les pleurs des hommes et la rosée des fleurs, la vieillesse des empires et la jeunesse des forêts, elles forment de leur concours la ceinture de l'éternelle beauté, qui du sein de l'infini embrasse, vivifie et soutient toutes choses.

Comment cette unité substantielle est apparue à notre auteur, il est facile de le pressentir ; sa métaphysique est aussi bien que sa poésie d'origine orientale. Pendant que le Dieu de Spinosa, dépouillé par Berkeley et Leibnitz de la réalité des représentations extérieures, par Hume du fondement absolu des connaissances, puis brusquement enlevé à l'univers et réduit par Fichte à l'étroite enceinte de la pensée de l'homme, y perdait jusqu'à la vérité de son moi intellectuel, et, privé de sens et de pensée, expirait aux derniers confins du néant. Herder, sans s'inquiéter de ces changements, comme un artiste tout à l'objet de sa contemplation, s'en faisait une image splendide (1), qu'il ornait de tout l'éclat du monde organique. A la place de ce Dieu abstrait, solitaire, insaisissable aux sens, il substitue l'éblouissante image de la nature vivante. Il embellit des couleurs de l'arc-en-ciel, des perles du matin, les cercles et les lignes géométriques de Spinosa ; et, perdu sur un vague Océan, qui, roulant sur lui-même et prolongé à l'infini, n'atteint aucun rivage, il se laisse enchanter de je ne sais quelles naïades et d'une illusoire beauté qui naît au loin de l'écume des flots. Plus son art est merveilleux, plus on cherche à y échapper, car l'âme est moins attristée de l'effroyable profondeur et de la vérité nue des théorèmes du géomètre, que des fêtes du poète dans le désert. Dans Spinosa, l'admirable puissance de l'intelligence vous étonne, vous subjugue. Loin du spectacle des choses sensibles, il vous entraîne aux entrailles de l'univers intelligible pour vous en révéler le secret ; là, tandis que tout le monde extérieur pèse sur vous, autour de vous, la pensée abstraite, dépouillée de symbole et de corps, joue un si grand rôle, il y a tant de stoïcisme dans les

---

(1) *Dialogue sur Dieu et l'âme*, 1799.

formes, partout au loin un si grand silence de l'univers visible, que vous touchez à la fois aux deux limites du matérialisme et du spiritualisme. Ce caractère disparaît dans le panthéisme de Herder. Au reste, que ce système brise ou confonde nos âmes, la question n'est pas là ; et la vérité est qu'il était indispensable au premier développement de la philosophie de l'histoire. Longtemps confondue avec les traditions religieuses et populaires, lorsqu'elle voulut s'en dégager, elle se trouva si bien enlacée du lien arbitraire des causes finales, qu'elle ne put y échapper que par un violent effort. Comme le principe de liberté providentielle était allé se perdre dans une succession flottante de caprices éphémères, l'idée de loi fut poussée jusqu'au fatalisme ; et la science de l'humanité, menacée d'être étouffée en naissant, dut naturellement se réfugier et grandir sous l'armure longtemps impénétrable de Spinosa.

De ce qui précède, il résulte que l'œuvre intellectuelle de Herder fut une opposition constante et spontanée au spiritualisme de l'Allemagne moderne. Par une conséquence nécessaire, restait tôt ou tard à attaquer corps à corps ce spiritualisme dans tout l'appareil de sa puissance. Le règne absolu de Kant et l'oppression qui en fut la suite, décidèrent cette réaction. Entre la *Critique de la raison pure* et la violente réfutation qu'en fît Herder (1), si le choix n'est pas douteux, ce fut néanmoins l'acte d'un philosophe pratique que cette insurrection contre la tyrannie, l'aveugle vandalisme des faux disciples. L'expérience était proscrite; il osa la rappeler et la célébrer. La nature, voilée sous les intuitions du moi, semblait se décolorer et s'évanouir; menacé dans son culte, Herder en releva fidèlement la magnificence. Un appareil exagéré de logique tendait au dénigrement des beaux-arts; il les rétablit (2) triomphalement dans leurs droits. L'infini solitaire et muet du monde extérieur lui resta, ce me semble, toujours plus ou moins étranger; ajoutons qu'il y opposa, non pas le frêle édifice de la sensation, mais un autre infini aussi vaste que le premier. Heureux si l'ardeur de la controverse n'eût pas aveuglé sa critique jusque-là si libérale! Sans doute il aurait le premier reconnu que la philosophie de Kant, dans ses vastes et obscurs développements, est l'expression historique d'une condition de la conscience du genre humain, et que c'est à la nature humaine qui l'a créée qu'il faut en rapporter ou l'honneur ou le blâme.

Comme dans l'Orient, l'homme naissant avait apparu caché sous les liens de l'univers, l'univers à l'extrémité des temps apparaissait voilé et pres-

(1) *Métacritique*, 1 vol., 1800.
(2) *Calligone*, 1 vol., 1800.

que enseveli sous l'œuvre et la pensée de l'homme. En effet, le jour où la personnalité libre eut tout envahi et tout dompté, ne cherchant que soi et ne trouvant que soi, dans ce silence de toutes choses n'entendant plus que l'harmonie de ses invisibles sphères, elle se prit à s'adorer. Ces généalogies de dieux créateurs, dont l'humanité avait autrefois à son berceau peuplé les abîmes de l'espace, il lui sembla les reconnaître en elle sous des noms différents ; et la chaîne symbolique des êtres qu'elle avait jadis suspendue aux mains de son Jupiter, elle se crut alors la force d'en dépouiller son idole et de la soutenir seule par sa propre puissance. Si ce fut là une tentative ou vaine ou glorieuse des philosophes, elle ne fit d'ailleurs que mettre en lumière et pousser à ses extrêmes conséquences le principe qu'exprimait à son insu toute l'humanité moderne dans ses actes, dans ses arts, dans ses cultes réformés, et dans le système entier de sa régénération civile.

Arrivés au terme de l'étude que nous nous sommes proposée, nous n'avons parlé ni des sermons du ministre évangélique, où brille tout l'éclat qui semble manquer à son culte, ni de ses poésies qui, nées de chaque impression fugitive, composent la paisible histoire de sa vie intérieure. Partout nous y retrouverions pour trait dominant cette sérénité native, caractère suprême et distinctif de sa pensée, de laquelle il ne s'est départi qu'une fois, et dont nous n'avons point jusqu'ici à notre gré assez relevé le beau moral. Dans la première jeunesse, dans ces jours si tristes où nos facultés naissantes, comme sortant du chaos, nous troublent sans nous éclairer, nous comprenons mal ces livres ou tout sert à l'harmonie, et parce qu'ils répondent mal à l'agitation de nos âmes, ils nous semblent manquer de profondeur ou d'émotion. De même qu'on appelle alors des dangers qu'on ignore, on cherche avec anxiété cette éloquence qui nous peint le désordre dans le ciel et dans le sein de l'homme. Enfin, quand ce qu'on voulait est arrivé, et que notre vie, quoique courte, nous a déjà lassés, il est un mot que la bouche répète, et dont le sens, mal compris jusque-là, est lui seul un bienfait : le repos le doux repos, en nous et hors de nous, la paisible harmonie du soir. Ah! s'il est quelque part une poésie, une langue une science qui rétablisse en nous cet accord universel, qu'elle soit un baume sur nos cœurs haletants. Dans ces temps arides, dépouillés de vertus et de gloire, certes, nous n'avons que trop bien répondu aux cris de détresse que les poètes ont partout fait échapper, et l'ennui a saisi nos âmes jusqu'à les énerver. Mais, Dieu soit loué, au milieu des accents troublés des peuples modernes, quelques rares génies ont su se conserver calmes et confiants. Pendant que, courbée sous le faix des âges, l'humanité se nourrit de regrets, la longueur du chemin ne les a point encore lassés. Angéliques séraphins, doués d'une éternelle adolescence, jamais le souffle des âges n'a laissé sur leurs traits son empreinte empoisonnée. Aujourd'hui brillants d'espérance, comme ils auraient pu l'être aux jours d'Évandre et d'Homère, vous ne savez où ils puisent cette joie intérieure qu'ils répandent tout autour d'eux ; plus le cœur de l'homme, lentement épouvé et rongé par les siècles, se consume, se replie, se dévore lui-même, plus leur paix semble douce, pareils à ces oiseaux de bon augure qui s'en vont chaque année remplir de leurs chants d'allégresse l'enceinte croulante de Palmyre et les temples ruinés des Pharaons.

Malgré cette étonnante sérénité dans un temps dont Faust est resté le chef-d'œuvre et le type, malgré cette opposition naturelle à des théories que l'Allemagne ne pourrait entièrement abdiquer sans cesser d'être, l'influence de Herder se confond avec celle d'un siècle où le génie germanique, jusque-là comprimé ou détourné de ses voies, enfin livré à son élan, produisit à la fois, par un privilège inouï, sa poésie et sa philosophie ; époque d'une féconde jeunesse où les ardentes intuitions de la pensée devancèrent les lents progrès de la science, il fut alors l'Hérodote de la philosophie de l'histoire. Comme dans le cercle de ses heureuses contemplations, je rencontre, il est vrai, dans cette époque des plans immenses qui enveloppent l'univers, de hardis sentiers qui me conduisent à travers le désert ou s'agite ma vie, des voix amies plus touchantes, plus pénétrantes que celles de mes proches ; mais un monument achevé où je puisse me recueillir et y mourir en paix, je n'en découvre aucun. Science impuissante et vaine, si elle s'arrête là. En suivant ses traces pour la première fois mon étonnement fut grand de parvenir à une profonde solitude, là où j'imaginais trouver la nation tout entière. C'est qu'un autre âge était venu ; à la place de ces vides prodigieux que l'homme a découverts en lui sans pouvoir ni les mesurer ni les combler, déjà est arrivé le temps ou les faits sont appelés à jeter leur lumière. Pendant que d'autres peuples remontent aujourd'hui de l'expérience à la spéculation, l'Allemagne incline de la spéculation à l'expérience. Plus de poésie, plus d'éloquence, plus de sublimes contemplations. Pour quelque temps toutes les fêtes de l'imagination sont suspendues, tant est pressant le besoin de connaître le monde réel. Est-ce que le génie d'une race humaine, parce qu'il se repose après l'inspiration, va changer de nature ? Il promène ses regards sur la terre où il avait peu vécu, s'arrêtant à chaque objet, voulant tout voir, tout décrire, tout analyser, se promettant surtout un long séjour dans ces régions paisibles. Autre chose est d'y confiner à jamais ses destinées ; car, si pour nous, qui ne vivons qu'un jour, elle est amère l'heure où le monde que nous avions imaginé, semble s'écrouler, il n'en est point ainsi des idoles que se forment les peuples. Leurs chimères, qui leur survivent, ont plus d'être qu'eux-mêmes ; tandis que nous poursuivons de nos vains désirs je ne sais quel rêve qui n'a ni forme, ni nom, ni substance, le réel confirme pour eux l'idéal, l'idéal explique le réel. Ramenés de l'un à l'autre, hier le premier dominait, aujourd'hui c'est le second ; plus tard, ils songeront à les unir, et ils atteindront alors leur maturité et leur but.

Adieu, terre hospitalière, terre paisible! que puis-je te rendre pour tout ce que j'ai reçu de toi ? Tu n'as ni le doux climat de la France, ni la liberté plus douce de l'Angleterre, ni les sites agrestes de l'Écosse ni les ruines antiques de l'Italie, ni l'air embaumé des myrtes de la Provence. Mais au fond de tes silencieuses vallées jaillit encore, sous les chênes d'Arminius, la source pure du beau moral, où tôt ou tard viendront se désaltérer les peuples qui t'entourent. Ils sont morts ou vieillissent, les hommes qui ont fait ta gloire ; tu t'appuies sur leurs tombeaux, déjà fatiguée de l'agitation du génie. Le délire de ton inspiration est passé ; comme le rameau chargé de fruits, tu t'inclines vers le sol, et pourtant tu es encore le pays de l'âme et de l'espérance.

Heidelberg, mai 1827.

# EXAMEN

DE

# LA VIE DE JÉSUS

(1838)

# AVERTISSEMENT

Il fut un temps où l'action anonyme des masses était considérée comme la seule réelle, où l'impulsion, la vie des initiateurs, des grands hommes, des individualités puissantes, des personnes, en un mot, étaient presque réduites à néant par la critique. Dans la poésie, on effaçait Homère; dans l'histoire, les héros; dans les institutions, les législateurs; dans l'Évangile, Jésus.

C'est au moment de la plus grande vogue de ces systèmes que j'ai cherché, au contraire, à établir combien les grandes individualités sont nécessaires à l'économie du monde civil, pour soutenir la raison, l'intelligence, la vertu des masses, qui, privées de leurs guides naturels, redeviennent facilement aveugles. On a cru que les fortes individualités peuvent impunément être abolies, que d'autres prennent incontinent leur place, qu'il suffit pour cela de puiser dans ce que l'on a appelé l'océan humain. Combien cette idée fausse n'a-t-elle pas faussé d'excellents esprits ! Combien surtout elle a égaré les peuples qui l'ont appliquée à la lettre dans la conduite de leurs affaires !

Ni la nature dans tel lieu, ni l'humanité dans tel âge, ne sont inépuisables ; bien moins encore un peuple dans l'humanité, une génération dans un peuple.

Edgar Quinet.

Bruxelles, 30 janvier 1857.

# EXAMEN

DE

# LA VIE DE JÉSUS [1]

## I

Pourquoi chercher à m'en défendre? C'est comme malgré moi qu'après un long retard je suis conduit à traiter du sujet contenu dans ce titre. Plus j'y pense, plus me pèse l'engagement d'exposer les questions récemment soulevées par la théologie allemande. Comment resserrer dans quelques pages ce qui devrait être l'examen de toute une vie? Pourquoi offrir à l'amusement d'un public dédaigneux les problèmes jusqu'ici renfermés dans l'enceinte des écoles? Est-il possible, en un si grand débat, de présenter, avec la même lumière, les objections et les réponses? Et si l'on manque à cette première condition, n'est-ce pas

[1] 1838.

attirer sur soi le plus grand des reproches ? Car, enfin, je ne puis l'oublier ; il ne s'agit pas ici d'un démêlé littéraire, mais bien du livre qui, pour le plus grand nombre, est la nourriture, la force, l'espérance, et, pour tout dire, la vie même. Je ne suis point de ceux qu'une formule métaphysique console de toutes les ruines ; quand il n'y aurait parmi mes lecteurs qu'une seule âme sincèrement croyante, je la tiendrais pour plus respectable, à ce titre, que cette foule sans figure et sans nom, qui, ne vivant ni dans la religion, ni dans la philosophie, ni même dans la poésie, ne subsiste véritablement que dans le vide.

D'autre part, lorsqu'une question fondamentale saisit, agite, absorbe tous les esprits choisis d'un pays voisin, philosophes, historiens, linguistes, théologiens ; que ce débat a enfanté une multitude de travaux plus ou moins remarquables, et qu'une société entière s'y est trouvée mêlée, est-il permis de s'en tenir, sur des faits aussi graves, à la politique du silence ? Serait-il même à désirer que tout ce bruit fût étouffé, de peur d'ajouter le doute au doute ? Ou plutôt n'est-ce pas le moment où, la guerre intestine ayant éclaté dans l'intelligence d'un peuple, il est nécessaire que le sujet du débat devienne de plus en plus notoire, afin que l'opinion de tous intervienne peu à peu dans le démêlé ? Que serait-ce s'il s'agissait du procès même du christianisme? Ne faudrait-il pas, en définitive, qu'il fût jugé par la conscience du monde chrétien (1)?

Dans cette alternative, le temps et l'espace me manquant également, que me reste-t-il à faire ici? Établir l'état de la question, appeler de ce côté l'attention des hommes sincères de toutes les croyances ; sans prétendre imposer mon opinion au lecteur, le mettre à même de juger, sinon du fond de ces débats, au moins de l'esprit général qui les domine; concilier le respect de la tradition avec la recherche de la vérité : tel est le problème qu'il faudrait résoudre en quelques pages.

On m'accordera volontiers, en commençant, que l'habitude de déprécier l'influence du protestantisme est devenue un des lieux communs de la rhétorique de notre époque. Du haut de notre

(1) Pendant que la Réforme est en proie à une crise prodigieuse, n'est-il pas incroyable que nous n'ayons pas à Paris une faculté de théologie protestante qui nous représente ce mouvement dans une discussion sévère? Se peut-il que nous soyons réduits là-dessus à des articles de revue? Les immenses débats de la critique moderne, touchant les Écritures et l'histoire de l'Église, se consommeront-ils sans que la France, qui a fondé l'exégèse sous Louis XIV, ait aujourd'hui un seul mot à dire sur ces questions? Si c'est notre orthodoxie qui nous retient, ne voit-on pas que l'application de l'intelligence aux matières de religion est mille fois préférable à l'indifférence, et qu'il est des temps où, pour vivre, il faut combattre? Si c'est le dédain philosophique je n'ai plus rien à dire. A ce mal je ne sais point de remède.

grandeur orthodoxe et sceptique, nous voyons avec pitié ramper à nos pieds cette mesquine Réforme. « Quel outrage au passé! selon les uns; quel oubli du présent! selon les autres. Et, dans l'opinion de tous, quelle pauvreté de génie! quelle impuissance! quelle inconséquence! Quoi! toujours à genoux devant la règle de Luther ou de Calvin! Quel esclavage, grand Dieu! N'oser être ni dans la loi, ni dans le raisonnement, ni dans le passé, ni dans le présent, ni dans l'Église, ni dans l'école! est-ce là vivre? » J'ose espérer que ceux qui liront avec attention les pages suivantes concevront une autre idée de la situation réelle de la Réforme, que du moins l'accusation d'inconséquence disparaîtra pour eux. Peut-être même reconnaîtront-ils, dans le travail de la théologie moderne, une des faces le plus profondes et les plus originales de l'esprit de leur temps. Quant à ceux qui ne cherchent dans ces sujets qu'une matière d'amusement ou d'imagination, ils feront bien pour eux-mêmes, aujourd'hui, de laisser là cette lecture.

Si l'ouvrage que j'ai à examiner se bornait à nier la partie surnaturelle de la révélation, il rentrerait dans l'école anglaise du dix-huitième siècle. Ces doctrines ayant été suffisamment répandues et controversées en France, il est probable que je n'aurais point à m'occuper d'un système qui manquerait pour nous de toute nouveauté. Mais le scepticisme des écoles allemandes se rattache à un ordre de pensées si différentes de celles-là, que même elles n'ont point d'expression exacte et correcte dans notre langue (1); en sorte que la première difficulté que je rencontre est de définir clairement l'objet de la question. Je ne puis même y réussir qu'en montrant comment elle est née.

On a souvent demandé d'où peut venir l'immense retentissement de l'ouvrage du docteur Strauss. Cette cause n'est point dans le style de l'écrivain. Ce langage triste, nu, géométrique, qui, pendant quinze cents pages, ne se déride pas un moment, ce n'est point là la manière d'un amateur de scandales. Quant à ses doctrines, il n'est pas, je crois, une de ses propositions les plus audacieuses qui n'ait été avancée, soutenue, débattue avant lui. Comment donc expliquer le prodigieux éclat d'un ouvrage qui semble fait de la dépouille de tous? Je réponds que cet éclat vient précisément de ce que le système nouveau s'appuie sur tout ce

(1) Nous n'avons aucun mot simple pour exprimer *Sagen*, traditions orales, populaires. Mythe, ce mot sur lequel toute la question repose, n'appartient pas à la langue française ni du dix-septième ni du dix-huitième siècle. Celui de *figure*, tel qu'il était employé par Fénelon, en matière de religion, est peut-être celui qui en approche le plus, surtout si l'on y joint l'idée d'une fiction irréfléchie, formée du concours de l'imagination de tous, et que ceux-là mêmes qui l'ont conçue ont prise pour une réalité. Qui dit allégorie, au contraire, dit œuvre d'artifice. Ces nuances sont indispensables pour l'intelligence de ce qui suit.

qui l'a précédé, et que son manque d'originalité dans les détails est ce qui fait la puissance de l'ensemble. Si cet ouvrage eût paru être la pensée d'un seul homme, tant d'esprits ne s'en seraient pas alarmés à la fois. Mais, lorsqu'on vit qu'il était comme la conséquence mathématique de presque tous les travaux accomplis au delà du Rhin depuis cinquante ans, et que chacun avait apporté une pierre à ce triste sépulcre, l'Allemagne savante tressaillit et recula devant son œuvre. C'est là ce qui se passe dans ce pays depuis trois ans.

En effet, si l'on y suit pour un moment l'esprit qui a régné dans la philosophie, dans la critique et dans l'histoire, on s'étonne seulement que cette conséquence ait tardé si longtemps à paraître. On ne peut manquer de voir que le docteur Strauss a eu des précurseurs dans chacun des chefs d'école qui ont brillé depuis un demi-siècle, il était impossible qu'un système tant de fois prophétisé n'achevât pas de se montrer.

Lorsque la philosophie allemande remplaça dans le monde celle du dix-huitième siècle, on put croire que ce qui avait été détruit par Voltaire allait être rétabli par Kant et par Gœthe. Le spiritualisme des uns pouvait-il aboutir au même résultat que le sensualisme de l'autre? Non, sans doute. Celui qui eût osé assurer le contraire eût passé pour insensé. Combien de gens se berçaient de cette idée que le christianisme allait trouver une restauration complète dans la métaphysique nouvelle! Il semble même que la philosophie partagea cette illusion, et qu'elle crut fermement avoir fait sa paix avec la religion positive. La vérité est qu'elle se borna à changer les armes émoussées du dernier siècle et à porter la querelle sur un autre terrain. C'est ce qui parut d'une manière manifeste dans l'ouvrage de Kant sur la religion, lequel sert encore de fond à presque toutes les innovations de nos jours.

Que sont les Écritures sacrées pour le philosophe de Kœnigsberg? Une suite d'allégories morales, une sorte de commentaire populaire de la loi du devoir. Le Christ lui-même n'est plus qu'un idéal qui plane solitairement dans la conscience de l'humanité. D'ailleurs, la résurrection étant retranchée de ce prétendu christianisme, il ne restait, à vrai dire, qu'une religion de mort, un évangile de la raison pure, un Jésus abstrait, sans la crèche et le sépulcre. Depuis l'apparition de cet ouvrage, il ne fut plus permis de se tromper sur l'espèce d'alliance de la philosophie nouvelle avec la foi évangélique. Dans ce traité de paix, la critique, le raisonnement, le scepticisme, se réservaient tous leurs droits; ils se couronnaient eux-mêmes; s'ils laissaient subsister la religion, c'était comme une province conquise dont ils marquaient à leur gré les limites (1). Plus tard, le panthéisme étant entré à grands flots dans la métaphysique allemande, ne fit que miner de plus en plus les vieux rivages de l'orthodoxie. Selon l'école, moitié mystique, moitié sceptique, de Schelling, la révélation de l'Évangile ne fut plus qu'un des accidents de l'éternelle révélation de Dieu dans la nature et dans l'histoire. Peu de temps après, l'abstraction croissant toujours, Hegel ne vit plus dans le christianisme qu'une idée dont la valeur religieuse est indépendante des témoignages de la tradition; ce qui revient à dire que le principe moral de l'Évangile est divin, lors même que l'histoire est incertaine. Or, qu'est-ce que cela, sinon aboutir, dans le fait, à la profession de foi du vicaire savoyard? Ainsi, de déductions en déductions, de formules en formules, la philosophie du dix-huitième siècle et celle du dix-neuvième, après s'être longtemps combattues et niées l'une l'autre, finissaient par se réconcilier et s'embrasser sur les ruines de la même croyance.

Au reste, c'est peu d'indiquer les rapports de la métaphysique et de la théologie de nos jours; il faut montrer d'une manière plus explicite com-

---

(1) L titre le disait assez clairement : *De la Religion dans les limites de la raison*. Il est curieux de voir dans cet ouvrage Kant s'appuyer de l'autorité du même Bolingbroke, qui avai dé à fourni tant d'armes à Voltaire.

ment, dans la critique des livres sacrés, on a suivi des méthodes diamétralement opposées en France et en Allemagne, car les différences infinies qui séparent ces deux pays n'ont paru nulle part mieux que dans la voie qu'il ont embrassée, chacun pour arriver au scepticisme. Celui de la France va droit au but, sans déguisement ni circonlocution. Il est d'origine païenne ; il emprunte ses arguments à Celse, à Porphyre, à l'empereur Julien. Je ne crois pas qu'il y ait une seule objection de Voltaire qui n'ait été d'abord présentée par ces derniers apologistes des dieux olympiens. Dans l'esprit de ce système, la partie miraculeuse des Écritures ne révèle que la fraude des uns et l'aveuglement des autres ; ce ne sont partout qu'imputations d'artifice et de dol. Il semble que le paganisme lui-même se plaigne, dans sa langue, que l'Évangile lui a enlevé le monde par surprise. Le ressentiment de la vieille société perce encore dans ces accusations ; il y a comme une réminiscence classique des dieux de Rome et d'Athènes dans tout ce système qui fut celui de l'école anglaise aussi bien que des encyclopédistes.

Ce genre d'attaque ne se montra guère en Allemagne, excepté dans Lessing, qui encore le transforma avec une autorité suprême. Par ses lettres et sa défense des *Fragments d'un inconnu* (1),

(1) L'auteur est Reimarus. Lessing les a d'abord publiés sous

il sembla quelque temps faire pencher son pays vers les doctrines étrangères. Mais ce ne fut là qu'un essai qui ne s'adressa pas à l'esprit véritable de l'Allemagne. Elle devait chanceler par un autre côté. Ces fragments restèrent épars comme les pensées d'un Pascal incrédule ; le monument du doute ne fut pas plus achevé que ne l'avait été le monument de la foi.

L'homme qui, de nos jours, a fait faire le plus grand pas à l'Allemagne, ce n'est ni Kant, ni Lessing, ni le grand Frédéric, c'est Benedict Spinosa. Voilà l'esprit que l'on rencontre au fond de sa poésie, de sa critique, de sa philosophie, de sa théologie, comme le grand tentateur sous l'arbre touffu de la science. Gœthe (1), Schelling, Hegel, Schleiermacher, pour s'en tenir aux maîtres, sont le fruit des œuvres de Spinosa. Si l'on relisait en particulier son traité de théologie et ses étonnantes lettres à Oldembourg, on y trouverait le germe de toutes

---

ce titre : *Fragments d'un inconnu*, tirés de la bibliothèque de Wolfenbüttel.

(1) Si l'on veut avoir une idée de la croyance de l'auteur de *Faust*, on peut en juger par les paroles suivantes, déjà citées par M. Tholuck dans la préface de sa *Défense de la foi chrétienne*. C'est là que je les emprunte : « Tu considères, écrivait Gœthe à Lavater, l'Évangile comme la vérité la plus divine. Pour moi, une voix sortie du ciel même ne me persuaderait pas que l'eau brûle, que le feu gèle, ou que les morts ressuscitent. Je regarde bien plutôt tout cela comme un blasphème contre le grand Dieu et contre sa révélation dans la nature. » (*Correspondance de Lavater*, 178.)

les propositons soutenues depui peu dans l'exégèse allemande. C'est de lui surtout qu'est née l'interprétation de la Bible par les phénomènes naturels. Il avait dit quelque part : « Tout ce qui est raconté dans les livres révélés s'est passé conformément aux lois établies dans l'univers. » Une école s'empara avidement de ce principe. A ceux qui voulaient s'arrêter suspendus dans le scepticisme, cette idée offrait l'immense avantage de conserver toute la doctrine de la révélation, au moyen d'une réticence ou d'une explication préliminaire. L'Évangile ne laissait pas d'être un code de morale divine; on n'accusait la bonne foi de personne. L'histoire sacrée planait au-dessus de toute controverse.

Quoi de plus? Il s'agissait seulement de reconnaître une fois pour toutes que ce qui nous est présenté aujourd'hui par la tradition comme un phénomène surnaturel, un miracle, n'a été, dans la réalité, qu'un fait très simple, grossi à l'origine par la surprise des sens, tantôt une erreur dans le texte, tantôt un signe de copiste, le plus souvent un prodige qui n'a jamais existé hormis dans les secrets de la grammaire ou de la rhétorique orientale.

On ne se figure pas quels efforts ont été faits pour rabaisser ainsi l'Évangile aux proportions d'une chronique morale. On le dépouillait de son auréole, pour le sauver sous l'apparence de la médiocrité. Ce qu'il y avait d'étroit dans ce système devenait facilement ridicule dans l'application, car il est plus facile de nier l'Évangile que de le faire redescendre à la hauteur d'un manuel de philosophie pratique.

La plume qui écrivit les *Provinciales* serait nécessaire pour montrer à nu les étranges conséquences de cette théologie. Suivant elle, l'arbre du bien et du mal n'est rien qu'une plante vénéneuse probablement un mancenillier sous lequel se sont endormis les premiers hommes. Quant à la figure rayonnante de Moïse sur les flancs du mont Sinaï, c'était un produit naturel de l'électricité. La vision de Zacharie était l'effet de la fumée des candélabres du temple ; les rois mages, avec leurs offrandes de myrrhe, d'or, d'encens, trois marchands forains qui apportaient quelque quincaillerie à l'enfant de Bethléem ; l'étoile qui marchait devant eux, un domestique porteur d'un flambeau ; les anges, dans la scène de la tentation, une caravane qui passait dans le désert chargée de vivres ; les deux jeunes hommes vêtus de blanc dans le sépulcre, l'illusion d'un manteau de lin ; la transfiguration, un orage.

Ce système conservait fidèlement, comme on le voit, le corps entier de la tradition : il n'en supprimait que l'âme. C'était l'application de la théologie de Spinosa, dans le sens le plus borné, à la manière de ceux qui ne voient dans sa métaphysique que l'apothéose de la matière brute. Il restait du christianisme un squelette informe ; la philosophie démontrait doctement, en présence de ce mort, comment rien n'est plus facile à concevoir que la vie, et qu'avec un peu de bonne volonté elle en ferait autant. Le genre humain aurait-il donc été, depuis deux mille ans, la dupe d'un effet d'optique, d'un météore, d'un feu follet, ou de la conjonction de Saturne et de Jupiter dans le signe du poisson ? Il fallait bien l'admettre. Quoi qu'il en soit, cette interprétation, tout évidente qu'on la supposait, n'était point encore celle qui allait naturellement au génie de l'Allemagne. Ce pays pouvait l'adopter quelque temps à cause des maximes de morale qui en tempéraient le fond ; mais ce n'était point là l'espèce d'incrédulité qui était faite pour lui.

Pour convertir l'Allemagne au doute, il fallait un système qui, cachant le scepticisme sous la foi, prenant un long détour avant d'arriver à son objet, appuyé sur l'imagination, sur la poésie, sur la spiritualité, parût transfigurer ce qu'il rejetait dans l'ombre, édifier ce qu'il détruisait, affirmer ce qu'il niait. Or tous ces caractères se trouvent dans le système de l'interprétation allégorique des Écritures, ou, pour parler avec le dix-septième siècle dans la substitution du sens mystique au sens littéral ; car ce qui a été dans l'origine le principe caché de la réforme est précisément ce qui éclate au grand jour dans les débats de la théologie d'outre-Rhin.

Ce système, qui, dans le fond, est le seul vraiment dangereux pour la croyance en Allemagne, remonte principalement à Origène. Ce grand homme admit un des premiers un double sens dans les faits racontés par le Nouveau Testament. Il reconnaissait la vérité historique de la plupart dans les événements contenus dans les livres saints (1). Mais, selon lui, ces mêmes événements renfermaient, d'ailleurs, un sens mystique; en sorte que ces deux vérités, l'une historique, l'autre morale, subsistaient à la fois. Tout le moyen âge entra dans cette voie : les faits de l'histoire évangélique furent interprétés par les scolastiques, comme des espèces de paraboles, sans que pour cela on cessât de les tenir pour certains. Il n'en est pas moins vrai qu'un danger imminent couvait dans cette doctrine, puisque, après avoir spéculé sur des événements comme sur des figures, il n'y avait qu'un pas à faire pour s'attacher exclusivement au sens idéal, et que l'allégorie était toujours près d'absorber l'histoire. La lettre tue, mais l'esprit vivifie, voilà le principe d'Origène. Mais qui ne voit qu'à son tour l'esprit en grandissant peut tuer et remplacer la lettre? Ceci est l'histoire de toute la

(1) Voyez surtout les chapitres XVIII, XIX, XX, liv. IV, de son ouvrage *Des Principes*, et son Traité contre Celse.

philosophie idéaliste dans ses rapports avec la foi positive.

Si l'on fait attention à la théologie de Pascal, on découvre qu'elle penchait de ce côté, et que c'était le véritable abîme qui s'ouvrait devant lui. Dans le volume de ses *Pensées*, l'Ancien Testament n'est que figures. La loi, les sacrifices, les royaumes, voilà des emblèmes, non des réalités; la vérité même, chez les Juifs n'est qu'ombre ou peinture. Les Babyloniens sont les péchés, l'Égypte l'iniquité. Quand je relis ces pages, il me semble toujours voir un homme miner les fondements de son palais pour s'y mieux établir; car n'est-il pas certain qu'en transformant ainsi l'Ancien Testament on est tout près d'altérer le Nouveau? et, si le mosaïsme n'est la vraie religion qu'en figure, qui m'empêche d'en dire autant du christianisme? Otez à l'Évangile son fondement réel qui est dans l'ancienne loi, que reste-t-il? Un symbole suspendu dans le vide. Assurément, les conséquences de cette théologie, qui fut aussi, à certains égards, celle de Fénelon, n'eussent pas tardé à paraître en France (1); mais

(1) Il ne faut pas oublier que c'est dans les plus belles années de Louis XIV que la critique des Écritures a été fondée par un Français, Richard Simon, père de l'Oratoire. Il fut récompensé de son génie par la persécution de tout son siècle. Le désespoir le conduisit à brûler lui-même en secret ce qui lui restait de manuscrits; il survécut peu de temps à ce sacrifice. Après tous les travaux des écoles allemandes qui l'ont réhabilité et le proclament justement leur précurseur, ses ouvrages sont encore

elles furent violemment tranchées par le dix-huitième siècle, qui, changeant les principes de la philosophie, changea aussi les formes du scepticisme.

Ces conséquences ne furent pleinement déduites que par l'Allemagne, qui, de ce côté, du moins, se rattache à Pascal. Le système de l'explication mystique une fois adopté, il est facile de pressentir ce qui a dû arriver. L'histoire sacrée a de plus en plus perdu le terrain, à mesure que s'est accru l'empire de l'allégorie. On pourrait marquer ces progrès continus comme ceux d'un flot qui finit par tout envahir. D'abord, en 1790, Eichorn n'admet comme emblématique que le premier chapitre de la Genèse. Il se contente d'établir la dualité des Elohim et de Jéhovah, et de montrer dans le Dieu de Moïse une sorte de Janus hébraïque au double visage. Quelques années à peine sont passées, on voit paraître, en 1803, la mythologie de la Bible par Bauer. D'ailleurs, cette méthode de résoudre les faits en idées morales, d'abord contenue dans les bornes de l'Ancien Testament, franchit bientôt ces limites, et, comme il était naturel, elle s'attacha au Nouveau. En 1806, le vénérable conseiller ecclésiastique Daub (1) disait dans ses

---

des chefs-d'œuvre. — Voyez ses *Histoires critiques de l'Ancien et du Nouveau Testament*, ses *Lettres choisies*, etc... Voyez aussi Credner, *Introduction au Nouveau Testament*, page 31.

(1) Après avoir joui de l'amitié de cet homme célèbre dans son pays, je ne puis prononcer ici son nom sans payer à sa

*Théorèmes de Théologie :* « Si vous exceptez tout ce qui se rapporte aux anges, aux démons, aux miracles, il n'y a presque point de mythologie dans l'Évangile. » En ce temps-là, les récits de l'enfance du Christ étaient presque seuls atteints par le système des symboles. Bientôt après, les trente premières années de la vie de Jésus sont également converties en paraboles ; la naissance et l'ascension, c'est-à-dire le commencement et la fin, étaient seules conservées dans le sens littéral. Tout le reste du corps de la tradition avait plus

mémoire l'hommage qui lui est dû, sauf à y revenir plus convenablement ailleurs. M. Daub, professeur de théologie à l'université de Heidelberg, l'un des premiers hommes de l'Allemagne, était un philosophe dans le sens le plus grave, le plus hardi, le plus austère du mot. L'accord de la religion et de la science a été la question de toute sa vie. Son esprit, toujours en progrès, a cherché à la résoudre, suivant les temps, par le système de Kant, de Fichte, de Schelling, puis de Hegel, dans la foi duquel il est mort. Ses ouvrages descendent à une profondeur où bien peu d'esprits en Europe peuvent le suivre ; mais ce même homme, d'une obscurité sibylline lorsqu'il écrivait, devenait subitement la clarté même dès qu'il commençait à parler ; d'ailleurs très original, très vif, très saisissant. Il avait par excellence le génie du monologue philosophique, qui devenait chez lui un véritable drame. Que de fois, seul avec lui pendant de longues heures, j'ai admiré cette éloquence étrange du désert, pensant que nul ne pouvait mieux que lui donner l'idée d'un Faust sexagénaire encore appliqué à l'évocation de la science divine ! Ses derniers moments ont répondu à ce caractère. La mort l'a trouvé dans sa chaire, et l'y a achevé au milieu même d'une de ses leçons de philosophie. Ses auditeurs, qui recueillaient l'instant d'avant ses paroles encore vibrantes, le virent tout d'un coup s'arrêter ; la mort l'avait interrompu ; ils l'emportèrent eux-mêmes dans leurs bras. Le recueil de ses œuvres formera douze volumes posthumes ; celui de l'*Anthropologie*, que l'on doit aux soins de M. Marheinecke, a paru déjà avec le plus grand succès.

ou moins été sacrifié ; encore ces derniers débris de l'histoire sainte ne tardèrent-ils pas eux-mêmes à êtres travestis en fables.

Au reste, chacun apportait dans cette métamorphose le caractère de son esprit. Selon l'école à laquelle on appartenait, on substituait à la lettre des évangélistes une mythologie métaphysique ou morale, ou juridique, ou seulement étymologique. Les intelligences les plus abstraites ne voyaient guère sur le crucifix que l'infini suspendu dans le fini, ou l'idéal crucifié dans le réel. Ceux qui s'étaient attachés surtout à la contemplation du beau dans la religion, après avoir éloquemment affirmé, répété, établi, que le christianisme est, par excellence, le poème de l'humanité, finirent par ne plus reconnaître dans les livres saints qu'une suite de fragments ou de rhapsodies de l'éternelle épopée. Tel fut Herder vers la fin de sa vie. C'est dans ses derniers ouvrages (car les premiers ont un caractère tout différent) que l'on peut voir à nu comment, soit la poésie, soit la philosophie, dénaturent insensiblement les traditions religieuses ; comment, sans changer le nom des choses, on y fait entrer des acceptions nouvelles, si bien qu'à la fin le fidèle qui croit posséder un dogme ne possède plus en réalité, qu'un dithyrambe, une idylle, une tirade morale, ou une abstraction scolastique, de quelque beau mot qu'on les pare.

L'influence de Spinosa se retrouve encore ici. C'est lui qui avait dit : «J'accepte, selon la lettre, la passion, la mort, la sépulture du Christ, mais sa résurrection comme une allégorie. *Cæterum Christi passionem, mortem et sepulturam tecum litteraliter accipio, ejus autem resurrectionem allegorice* (1). Cette idée ayant été promptement relevée, il ne resta plus un seul moment de la vie du Christ qui n'eût été métamorphosé en symbole, en emblème, en figures, en mythes, par quelque théologien. Neander lui-même, le plus croyant de tous, étendit ce genre d'interprétation à la vision de saint Paul dans les *Actes des apôtres*. On se faisait d'autant moins de scrupule d'en user ainsi, que chacun pensait que le point dont il s'occupait était le seul qui prêtait à ce genre de critique ; et d'ailleurs, si l'on conservait quelque inquiétude à cet égard, elle s'effaçait par cette unique considération qu'après tout on ne sacrifiait que les parties mortelles et pour ainsi dire le corps du christianisme, mais qu'au moyen de l'explication figurée on en sauvait le sens, c'est-à-dire l'âme et la partie éternelle. C'est là ce que, dans ses leçons sur la religion, Hegel appelait *analyser le fils* ².

Ainsi, avec la plus grande tranquillité de conscience, les défenseurs naturels du dogme travail-

(1) *Epistola* xxv.
(2) **Den Sohn analysiren.**

laient de toutes parts au changement de la croyance établie; car il faut remarquer que cette œuvre n'était pas accomplie comme elle l'avait été chez nous par les gens du monde et par les philosophes de profession. Au contraire, cette révolution s'achevait presque entièrement par le concours des théologiens. C'est dans le cœur même de l'Église qu'elle puisait toute sa force.

Au milieu de cette destruction toujours croissante ce que je ne puis me lasser d'admirer, c'est la quiétude de tous ces hommes qui semblent ne pas s'apercevoir de leurs œuvres, et qui, effaçant chaque jour un mot de la Bible, ne sont pas moins tranquilles sur l'avenir de leur croyance. On dirait qu'ils vivent paisiblement dans le scepticisme comme dans leur condition naturelle.

Il en est un pourtant qui a eu de loin le pressentiment, et comme il le dit lui-même, la certitude d'une crise imminente. C'est aussi le plus grand de tous, Schleiermacher, fait pour régner dans ce trouble universel, si l'anarchie des intelligences eût consenti à recevoir un maître; noble esprit, éloquent prédicateur, grand écrivain : ce qui le caractérise, c'est qu'il a été, à un degré presque égal, théologien et philosophe. Aucun homme n'a fait de plus grands efforts pour concilier la croyance ancienne avec la science nouvelle. Les concessions auxquelles il a été entraîné sont incroyables. Comme un homme battu par un violent orage, il a sacrifié les mâts et la voilure pour sauver le corps du vaisseau. D'abord il renonce à la tradition et à l'appui de l'Ancien Testament; c'est ce qu'il appelait rompre avec l'ancienne alliance. Pour satisfaire l'esprit cosmopolite, il plaçait, à quelques égards, le mosaïsme au dessous du mahométisme. Plus tard, s'étant fait un ancien Testament sans prophéties il se fit un Évangile sans miracles. Encore arrivait-il à ce débris de révélation, non plus par les Écritures, mais par une espèce de ravissement de conscience, ou plutôt par un miracle de la parole intérieure. Pourtant même dans ce christianisme ainsi dépouillé la philosophie ne le laissa guère en repos, en sorte que, toujours pressé par elle et ne voulant renoncer ni à la croyance ni au doute, il ne lui restait qu'à se métamorphoser sans cesse et à s'ensevelir, pour en finir, les yeux fermés, dans le spinosisme.

Cet état, que l'on ne croirait pas supportable, est dépeint avec beaucoup de vérité dans une lettre à l'un de ses amis qui est aussi son disciple. Cette lettre jette un jour si étonnant sur l'état des esprits que je ne puis m'abstenir d'en citer quelques passages. Je ne crois pas que l'on ait jamais considéré l'abîme avec un plus tranquille désespoir.

« Si vous envisagez, mon ami, l'état présent des
« sciences et leur développement imprévu, que pres

« sentez-vous de l'avenir, je ne dis pas seulement de
« la théologie, mais du christianisme lui-même, tel
« que la Réforme l'a fait? Quant au christianisme ul-
« tramontain, il est ici hors de cause ; car, si l'on
« veut trancher du glaive de l'autorité le nœud de la
« science et de la raison humaine, si l'on se sert de
« sa puissance pour se soustraire à tout examen, il
« est visible que l'on est dispensé de s'inquiéter de
« ce qui passe au dehors. Mais c'est ce que nous ne
« pouvons ni ne voulons faire : au contraire, nous
« acceptons les temps tels qu'ils sont ; et de là je
« pressens qu'il faudra bientôt nous passer de ce que
« plusieurs croient encore être le fond et l'âme même
« du christianisme. Je ne parle pas ici de l'œuvre
« des sept jours, mais bien de l'*idée même de la créa-*
« *tion*, telle qu'elle est en général adoptée et même
« indépendamment de la chronologie de Moïse.
« Malgré le travail et les explications des commenta-
« teurs, combien de temps cette idée prévaudra-t-elle
« encore contre la force des théories fondées sur des
« combinaisons scientifiques auxquelles nul ne peut
« échapper dans un temps où les résultats généraux
« deviennent si promptement la propriété de tous?
« Et nos miracles de l'Évangile (car je ne dirai rien
« de l'Ancien Testament), combien de temps se pas-
« sera-t il jusqu'à ce qu'ils tombent de nouveau, à
« leur tour, par des raisons plus respectables et mieux
« fondées que celles des encyclopédistes français?

« Car ils tomberont sous ce dilemme : ou l'histoire
« entière à laquelle ils appartiennent est une fable
« dans laquelle il est impossible de discerner le vrai
« du faux, et, dans ce cas, le christianisme paraît
« sortir, non plus de Dieu, mais du néant lui-même ;
« ou bien, si ces miracles sont des faits réels, nous
« devrons accorder, que, puisqu'ils ont été produits
« dans la nature, ils ont encore des analogues dans
« la nature, et c'est l'idée même du miracle qui sera
« renversée. Qu'arrivera-t-il alors, mon cher ami ?
« Je ne vivrai plus dans ce temps : alors je reposerai
« tranquillement endormi. Mais vous, mon ami, et
« ceux qui sont de votre âge, et tant d'autres qui ont
« les mêmes sentiments que nous, que prétendez-
« vous faire ? Voulez-vous aussi vous réduire à ces
« retranchements, et vous y laisser bloquer par la
« science ? Je compte pour rien les feux croisés de
« l'ironie qui se renouveleront de temps en temps,
« car elle vous fera peu de mal, si vous savez l'en-
« durer. Mais l'isolement ! mais la famine de l'intel-
« ligence ! mais la science qui, abandonnée par vous,
« livrée par vous, devra arborer les couleurs de
« l'incrédulité ! L'histoire sera-t-elle divisée en deux
« parts, d'un côté le christianisme avec la barbarie,
« de l'autre la science avec l'impiété ? Ce serait, je
« le sais, l'opinion d'un grand nombre ; et du sol
« ébranlé sous nos pas sortent déjà des fantômes
« d'orthodoxie pour lesquels tout examen qui dé-

« passe la lettre vieillie est un conseil de Satan;
« mais, Dieu merci! nous ne choisirons pas ces larves
« pour les gardiens du saint sépulcre, et ni vous, ni
« moi, ni nos amis communs, ni nos disciples, ni
« leurs successeurs, nous ne leur appartiendrons
« jamais (1). »

Cette lettre, véritablement extraordinaire quand on songe qu'elle a pour auteur le prince de la théologie allemande, a été publiée par lui-même dans un journal ecclésiastique, en 1829. Ce n'est plus ici la raillerie superbe du dix-huitième siècle. Vous reconnaissez à ces paroles l'inextinguible curiosité de l'esprit de l'homme penché au bord du vide; l'abîme, en murmurant, l'attire à soi, comme un enchanteur. Il ne s'agit plus de détruire, mais de savoir; passion bien autrement profonde que la première, et qui ne s'arrêtera plus avant d'avoir touché le fond du mystère. Depuis ce temps, en effet, la crise annoncée s'approche chaque jour. Je n'en

---

(1) Schleiermacher, mort en 1834, un de ces esprits essentiellement multiples, qui sont présents partout à la fois dans l'empire des idées, et qu'il faudrait bien se garder de juger ici d'après une page. J'espère présenter plus tard un examen de ses œuvres principales et de son influence sur l'esprit de la Réforme. Ce sera le lieu d'indiquer la variété infinie et les nuances diverses des écoles religieuses de notre temps, la mysticité la plus sainte dans M. Neander, l'orthodoxie inflexible du vieux luthéranisme dans M. Hengstemberg, un éclectisme savant dans M. Ullmann, un théisme évangélique dans M. Paulus, un catholicisme restauré dans M. Gunther de Vienne, etc., etc. On comprendra qu'aujourd'hui je ne puis m'attacher qu'à la ligne droite. Sans cela, voulant tout dire à la fois, comment éviterais-je la confusion?

indiquerai que les phases principales, soit qu'elles appartiennent au moment auquel je suis parvenu, soit qu'elles remontent un plus haut.

Au système d'Origène s'étaient jointes d'abord les habitudes de critique que l'on avait puisées dans l'étude de l'antiquité profane. On avait tant de fois exalté la sagesse du paganisme, que, pour couronnement, il ne restait qu'à la confondre avec la sagesse de l'Évangile. Si la mythologie des anciens est un christianisme commencé, il faut conclure que le christianisme est une mythologie perfectionnée. D'autre part, les idées que Wolf avait appliquées à l'Iliade, Niebuhr à l'histoire romaine, ne pouvaient manquer d'être transportées, plus tard, dans la critique des saintes Écritures. C'est ce qui arriva bientôt, en effet, et le même genre de recherches et d'esprit qui avait conduit à nier la personne d'Homère conduisit à diminuer celle de Moïse.

M. de Wette, l'un des plus célèbres théologiens de ce temps, entra le premier dans ce système. Les cinq premiers livres de la Bible sont, à ses yeux, l'épopée de la théocratie hébraïque; ils ne renferment pas, selon lui, plus de vérité que l'épopée des Grecs. De la même manière que l'Iliade et l'Odyssée sont l'ouvrage héréditaire des rhapsodes, ainsi le Pentateuque (1) est, à l'exception

(1) « En ce qui touche le Pentateuque, nous pouvons admettre,

du Décalogue, l'œuvre continue et anonyme du sacerdoce. Abraham et Isaac valent, pour la fable, Ulysse et Agamemnon, roi des hommes. Quant aux voyages de Jacob, aux fiançailles de Rebecca, « un Homère de Canaan, dit l'auteur, n'eût rien inventé de mieux. » Le départ d'Égypte, les quarante années dans le désert, les soixante-six vieillards sur les trônes des tribus, les plaintes d'Aaron, enfin la législation même du Sinaï, ne sont rien qu'une série incohérente de poèmes libres et de mythes. Le caractère seul de ces fictions change avec chaque livre, poétiques dans la Genèse, juridiques dans l'Exode, sacerdotales dans le Lévitique, politiques dans les Nombres, étymologiques, diplomatiques, généalogiques, mais presque jamais historiques dans le Deutéronome.

Les ouvrages dans lesquels M. de Wette a développé ce système ont, comme tous les siens, le mérite d'une netteté qu'on ne peut trop apprécier, surtout dans son pays. Les résultats de ses recherches ne sont jamais déguisés sous des leurres métaphysiques : un disciple du dix-huitième siècle

comme reconnu et établi par toutes les recherches de notre temps, que les livres de Moïse sont un recueil de fragments épars, originairement étrangers les uns aux autres, et l'œuvre de différents auteurs. » (De Wette, professeur de théologie à Bâle.) — Les premiers résultats de sa critique ont paru sous les auspices et avec une introduction du conseiller ecclésiastique Griesbach, en 1806, sous le titre d'*Introduction à l'Ancien Testament*. Voyez surtout, t. II, p. 94, 198, 216, 247.

n'écrirait pas avec une précision plus vive. L'auteur pressent que sa critique doit finir par être appliquée au Nouveau-Testament. Mais, loin de s'émouvoir de cette idée, comme on pourrait s'y attendre, il conclut avec le même repos que Schleiermacher : « Heureux, dit-il, après avoir lacéré page à page l'ancienne loi, heureux nos ancêtres, qui, encore inexpérimentés dans l'art de l'exégèse, croyaient simplement, loyalement, tout ce qu'ils enseignaient ! L'histoire y perdait, la religion y gagnait. Je n'ai point inventé la critique ; mais, puisqu'elle a commencé son œuvre, il convient qu'elle l'achève. Il n'y a de bien que ce qui est conduit au terme. Le génie de l'humanité veille sur elle. Il ne lui arrachera pas ce qu'elle a de plus précieux. Que chacun donc agisse conformément à son devoir et à sa conscience, et qu'il abandonne le reste à la fortune ! »

La fortune répondit à l'auteur en lui suscitant bientôt des successeurs plus audacieux que lui, et contre lesquels aujourd'hui il cherche vainement à réagir. Il semblait qu'il avait épuisé le doute au moins à l'égard de l'Ancien Testament ; les professeurs de théologie [1] de Vatke, de Bohlen

(1) M. de Bohlen, professeur à Kœnigsberg, la *Genèse*, 1835. — M. César de Lengerke, le *Livre de Daniel*, Kœnigsberg, 1835. — M. de Vatke, la *Religion de l'Ancien Testament*, Berlin, 1835. Il est digne de remarque que ces trois ouvrages ont paru la même année que celui du docteur Strauss.

et Lengerke lui ont bien montré le contraire. Suivant l'esprit de cette théologie nouvelle, Moïse n'est plus un fondateur d'empire. Ce législateur n'a point fait de loi ; on lui conteste, non seulement le Décalogue, mais l'idée même de l'unité de Dieu. Encore cela admis, que d'opinions divergentes (1) sur l'origine du grand corps de traditions, auquel il a laissé son nom! M. de Bohlen (2), dont j'emprunte ici les expressions littérales, trouve une *grande pauvreté d'invention* dans les premiers chapitres de la Genèse, qui, d'ailleurs, n'a été composée que depuis le retour de la captivité. Selon ce théologien, l'histoire de Joseph et de ses frères n'a été inventée qu'après Salomon par un membre

---

(1) Je ne puis trop répéter que ce serait une erreur grave de prendre chacune des opinions que je cite comme étant universellement approuvée. Ce qui montre, au contraire, combien les études religieuses sont abondantes, combien ce sol est vivace, c'est qu'aucun système n'est véritablement sacrifié ni abandonné. Ainsi l'école de critique de M. de Wette a provoqué l'ouvrage aussi orthodoxe que savant de M. Hengstemberg sur les *Rapports de l'Ancien Testament avec le christianisme*, Berlin, 1829 (*Christologie des Alten Testaments*). Il est dans la nature de mon sujet de mettre surtout en lumière les devanciers de M. Strauss. Ce serait l'objet d'un second examen de s'occuper des travaux d'une critique plus tempérée, et en général des ouvrages d'exégèse, indépendamment de la direction religieuse. Je ne puis m'empêcher de citer à cet égard, dès aujourd'hui, les travaux de M. Gesenius et de M. Hitzig sur Ésaïe, ceux de M. Ewald sur les Psaumes, ceux de M. Umbreit sur Job et les Proverbes. Ce dernier, auquel je dois plus d'un éclaircissement précieux, continue la belle tradition de l'école de Herder.

(2) Voyez la *Genèse*, par M. de Bohlen, *Introduction*, pag. 98, 144, 189, 197, etc.

de la dixième tribu. D'autres placent le Deutéronome à l'époque de Jérémie, ou même le lui attribuent.

D'ailleurs, le Dieu de Moïse décroît dans l'opinion de la critique en même temps que le législateur. Après avoir mis Jacob au-dessous d'Ulysse, comment se défendre de la comparaison de Jupiter et de Jéhovah? La pente ne pouvait plus être évitée. Écoutez là-dessus le précurseur immédiat du docteur Strauss, je veux dire le professeur Vatke, dans sa *Théologie biblique*! Si vous acceptez sa doctrine, Jéhovah, longtemps confondu avec Baal dans l'esprit du peuple, après avoir langui obscurément et peut-être sans nom dans une longue enfance, n'aurait achevé de se développer qu'à Babylone. Là, il serait devenu je ne sais quel mélange de l'Hercule de Tyr, du Chronos des Syriens, et du culte du soleil, en sorte que sa grandeur lui serait venue dans l'exil. Son nom même ne serait entré dans les rites religieux que vers le temps de David. L'un le fait sortir de Chaldée, l'autre d'Égypte.

Sur le même principe, on croit reconnaître les autres parties de la tradition que le mosaïsme a empruntée des nations étrangères. Vers le temps de sa captivité, le peuple juif aurait pris aux Babyloniens les fictions de la tour de Babel, des patriarches, du débrouillement du chaos par les Élohim, à la religion des Persans les images de

Satan, du paradis, de la résurrection des morts, du jugement dernier; les Hébreux auraient ainsi dérobé une seconde fois les vases sacrés de leurs hôtes.

Moïse et Jéhovah détruits, il était naturel que Samuel et David fussent dépouillés à leur tour. « Cette seconde opération, dit un théologien de Berlin, s'appuie sur la première. » Ni l'un ni l'autre ne sont plus les réformateurs de la théocratie, laquelle ne s'est formée que longtemps après eux. Le génie religieux manquait surtout à David. Son culte grossier et presque sauvage n'était pas fort éloigné du fétichisme. En effet, le tabernacle n'est plus qu'une simple caisse d'acacia; au lieu du saint des saints, il renfermait une pierre (1). Comment, direz-vous, accorder l'inspiration des psaumes (2) avec une aussi grossière idolâtrie? L'accord se fait en niant qu'aucun des psaumes, sous leur forme actuelle, soit l'œuvre de David. Le prophète-

---

(1) De Vatke, *Théologie biblique*, voyez pag. 334, 317, 521, 553, etc.

(2) M. de Wette avait déjà dit dans l'introduction de ses *Commentaires sur les Psaumes*, p. 13 : « L'authenticité de tous les psaumes de David est devenue pour moi problématique. La plupart de ceux qui sont attribués à David sont des prières ou des plaintes, et ceux-là ont, il est vrai, peu de valeur poétique. » M. Ewald admet trois époques principales dans le recueil des psaumes : — la première comprend jusqu'au huitième siècle avant le Christ; — la seconde s'étend depuis David jusqu'à la fin de l'exil; — la troisième comprend les chants qui ont suivi la captivité.

roi ne conserverait plus ainsi que la triste gloire d'avoir été le fondateur d'un despotisme privé du concours du sacerdoce; car les promesses faites à sa maison, dans le livre de Samuel et ailleurs, n'auraient été forgées que d'après l'événement, *ex eventu.*

Dans cette même école, le livre de Josué n'est plus qu'un recueil de fragments, composé après l'exil, selon l'esprit de la mythologie des lévites; celui des Rois (1) un poëme didactique; celui d'Esther, une fiction romanesque, un conte imaginé sous les Séleucides. A l'égard des prophètes, la seconde partie d'Ésaïe, depuis le chapitre XI, serait apocryphe, selon M. Gesenius lui-même (2). D'après un critique non moins célèbre, et que j'ai déjà cité, Ézéchiel, descendu de la poésie du passé à une prose basse et traînante (3), aurait perdu le sens des symboles qu'il emploie; dans ses prophéties, il ne faudrait voir que des amplifications littéraires. Le plus controversé de tous, Daniel, est

(1) De Wette, Introduction, *der levitische Geist der Mythologie*, p. 219. *Lehrgedicht*, p. 233.

(2) Il regarde aussi comme apocryphes dans la première partie d'Ésaïe. les chap. XIII, XIV, XXI, XXIV, XXVII, XXXIV, XXXV. Ces fragments sont, suivant lui, postérieurs à la mort du prophète, et appartiennent aux derniers temps de la captivité. Voyez Gesenius, *Commentaire sur Esaïe*, p. 16 et t. II, *passim*.

(3) De Wette, *Introduction à l'histoire et à la critique des livres canoniques et apocryphes de l'Ancien Testament* (1833), p. 283. *Niedrigen matten Prosa.* — Voyez aussi Gesenius, *Introduction à Esaïe*, p. 7, *Vision prosaïque* d'Ézéchiel.

définitivement relégué par M. Lengerke dans l'époque des Machabées. Il y avait longtemps que l'on avait disputé à Salomon le livre des Proverbes et de l'Ecclésiaste; par compensation, quelques-uns lui attribuent le livre de Job, que presque tous rejettent dans la dernière époque de la poésie hébraïque.

Ce court tableau, qu'il serait facile d'étendre, suffit pour montrer comment chacun travaille isolément à détruire, dans la tradition, la partie qui le touche de plus près, sans s'apercevoir que toutes ces ruines se répondent. Au milieu même de cette universelle négation, l'on se donne le plaisir de se contredire mutuellement. Tel conseiller ecclésiastique qui nie l'authenticité de la Genèse est réfuté par tel autre qui nie l'authenticité des prophètes. D'ailleurs, toute hypothèse se donne fièrement pour une vérité *acquise à la science* jusqu'à ce que l'hypothèse du lendemain renverse avec éclat celle de la veille. On dirait que, pour gage d'impartialité, chaque théologien se croit obligé, pour sa part, de jeter dans le gouffre une feuille des Écritures. Dans cette étrange ardeur des hommes d'Église à sacrifier eux-mêmes le corps et la lettre de leur croyance, n'y a-t-il pas quelque chose qui rappelle cette nuit de la Constituante, où chacun venait brûler ses lettres de noblesse?

Si tel a été le trouble apporté par la critique allemande dans les livres de l'Ancien Testament, on peut facilement penser qu'elle ne s'est point arrêtée devant le Nouveau. Pour expliquer les concordances littérales (1) des trois premiers évangiles, chacun a été donné successivement pour le primitif. Lessing les tenait pour des traductions libres d'un original perdu que l'on s'est figuré tour à tour hébraïque, araméen, chaldaïque ou syriaque, grec même, et qu'enfin on a supposé n'avoir jamais été écrit; c'est ce que l'on nommait un évangile oral. Pour trancher la difficulté, Schleiermacher s'attachait de préférence à saint Luc, le compagnon et le confident de saint Paul; mais il dépréciait saint Mathieu à cause de sa tendance judaïque, et saint Marc, que l'on a appelé, je ne sais trop pourquoi, le patron des matérialistes.

A travers tant de critiques qui se heurtent et qui se détruisent l'une l'autre, ce qui demeure constant, c'est que les théologiens allemands tendent de plus en plus à considérer les trois premiers évangiles, non plus comme des témoignages oculaires, mais comme des expressions plus ou moins vagues de la tradition. Tout le débat paraît se

---

(1) Voyez Gieseler, *Sur l'Origine des Évangiles*, 1815. — Schleiermacher, *De l'Évangile selon saint Luc*. — De Wette, Credner, *Introduction au Nouveau Testament*. — Voyez aussi *Histoire critique du texte du Nouveau Testament*, par Richard Simon, prêtre, 1689, Rotterdam, etc.

concentrer peu à peu sur l'authenticité de saint Jean. « C'est désormais pour nous la grande question, » me disait, ces jours-ci, le docteur Strauss, après une longue conversation sur ces matières.

## II

D'après ce qui précède, on peut juger quelle était la pente des choses, lorsqu'en 1835 parut obscurément, avec le *privilège royal*, l'*Histoire de la vie de Jésus*, par le docteur Strauss, *répétiteur au séminaire évangélique et théologique* de Tubingue. Quoique, certes, les esprits dussent être préparés à ce dénoûment, l'effet en fut si prompt, si électrique, si inouï, que, contrairement à tous les usages reçus en pareille matière, le gouvernement prussien consulta le clergé protestant pour savoir s'il ne serait pas opportun de prohiber cet ouvrage dans ses États. Le célèbre Neander, l'une des âmes les plus élevées et les plus convaincues de l'Église réformée, fut chargé de faire la réponse. Il déclara que l'ouvrage déféré à son examen attentait, il est vrai, à toutes ses croyances; qu'il demandait, nonobstant, que la liberté ne fût point suspendue pour son adversaire, et que la discussion fût seule juge de la vérité et de l'erreur. Réponse digne de cet homme doublement vénérable. Elle ouvrait, d'une manière glorieuse pour l'Église, l'immense débat qui allait en résulter.

Quel était donc ce livre qui, dans le pays des nouveautés théologiques, déconcertait les plus audacieux ? Comme je l'ai déjà fait entendre, c'était la conséquence des prémisses posées depuis un demi-siècle. L'auteur mettait pour la première fois en contact les doctrines les plus contradictoires, les écoles de Bolingbroke, de Voltaire, de Lessing, de Kant, de M. de Maistre, sous quelques noms qu'elles se soient transformées et déguisées, matérialisme, spiritualisme, mysticisme, amateurs de symboles, d'explications naturelles ou figurées ou dogmatiques, de visions, de magnétisme animal, d'allégories, d'étymologies ; et, les interprétant, les embarrassant, les brisant les unes par les autres, au moyen d'une dialectique infatigable, il leur arrachait à toutes la même conclusion. En un mot, il concentrait tous les doutes en un seul, et formait un même faisceau des traits épars du scepticisme. Ajoutez à cela qu'en déchirant le voile métaphysique qui palliait ces doctrines, il ramenait la question aux termes les plus simples ; que, par là, on voyait à découvert et pour la première fois quel travail de destruction avait été accompli. Il soulevait comme Antoine la robe de César. Chacun pouvait reconnaître, dans ce grand corps, les coups qu'il avait portés dans l'ombre.

Au panthéisme des écoles modernes l'auteur avait emprunté l'art de déprécier, de diminuer, d'exténuer les personnages historiques ; car il y a un idéalisme naturellement briseur d'images. Toute existence personnelle le gêne et lui déplaît comme une usurpation. Les héros sont pour lui ce que les statues de bois ou d'airain sont pour le mahométisme. Il faut qu'il les renverse. Un peu plus, il regarderait la vie de l'oiseau qui passe, de l'insecte qui murmure, comme un vol fait à l'absolu. Il ne serait content que s'il pouvait réduire l'univers et l'histoire à un parfait silence pour y jouir en paix de l'harmonie de ses propres idées.

Ce n'est pas cependant que le docteur Strauss niât absolument l'existence de Jésus. Il en conserve, au contraire, une ombre, à savoir, que Jésus a été baptisé par saint Jean, qu'il a rassemblé des disciples, qu'à la fin il a succombé à la haine des pharisiens. Voilà, si l'on y joint quelques détails, le fond de vérité auquel l'imagination humaine aurait ajouté toutes les merveilles de la vie du Christ. La suite des événements racontés par les évangélistes ne serait rien en réalité qu'une succession d'idées revêtues d'une forme poétique par la tradition, c'est-à-dire, une mythologie.

La manière dont l'auteur conçoit que cette œuvre d'imagination a été accomplie mérite surtout d'être remarquée. Il pense que, frappés de l'attente du

Messie, les peuples de Palestine, ont peu à peu ajouté à la figure véritable de Jésus tous les traits de l'Ancien Testament qui pouvaient s'y rapporter. La tradition populaire aurait accepté comme réelles les actions imaginaires que l'ancienne loi attribuait au Christ de l'avenir, modelant ainsi, façonnant, agrandissant, corrigeant, divinisant le personnage de Jésus de Nazareth, d'après le type conçu d'abord par les prophètes. Sur ce principe, le Nouveau Testament ne serait guère, dans le vrai, qu'une imitation vulgaire et irréfléchie de l'Ancien. De la même manière que le dieu de Platon formait l'univers d'après une idée préconçue, les peuples de la Palestine auraient eux-mêmes formé le Christ d'après l'idéal que leur fournissait l'ancienne loi.

On voit que, dans cette doctrine, ce ne serait pas le Christ qui aurait établi l'Église, mais bien l'Église qui aurait inventé et établi le Christ. Des prophéties politiques, religieuses, mystiques, voilà le thème que le sentiment des peuples aurait peu à peu converti en événements. Le genre humain n'aurait pas été la dupe d'une illusion des sens; il l'aurait été de sa propre création; et l'humanité, depuis deux mille ans, serait à genoux, non pas devant une imposture, comme disait le dix-huitième siècle, mais devant un idéal paré à tort des insignes de la réalité.

Voici d'ailleurs la méthode presque constante

que l'auteur emploie pour arriver à ces résultats. Avec un grand nombre de critiques, il admet un intervalle de trente ans entre la mort de Jésus-Christ et la rédaction du premier de nos évangiles. Cet espace lui semble suffisant pour que les imaginations populaires aient eu le temps de se substituer aux faits. Sa critique s'attache successivement à chaque moment de la vie de Jésus. D'après l'école anglaise résumée par Voltaire, d'après les *Fragments d'un inconnu,* et un grand nombre d'autres prédécesseurs, il fait ressortir les contradictions des évangélistes entre eux; il affirme que, si l'orthodoxie n'a pu satisfaire la raison à cet égard, les explications tirées du cours naturel des choses ne sont pas moins fautives. Ces deux genres d'interprétations étant écartés, il ne reste qu'à nier la réalité du fait en lui-même, et à le convertir en allégorie, en légende ou en mythe. C'est la conséquence uniforme par laquelle l'auteur termine chaque discussion. Au reste, pas une parole de douleur, pas un regret sur ces figures dont il ne conserve que l'auréole. L'impression du vide immense que laisserait l'absence du Christ dans la mémoire du genre humain ne lui coûte pas un soupir.

Sans colère, sans passion, sans haine, il continue tranquillement, géométriquement, la solution de son problème. Est-ce à dire qu'il n'ait pas le sentiment de son œuvre, et que, sapant l'édifice par la base, il ignore ce qu'il fait ? Non, sans doute. Mais c'est une chose propre à l'Allemagne que ce genre d'impassibilité. Les savants y ont tellement peur de toute apparence de déclamation qui pourrait déranger l'assiette de leurs systèmes, qu'ils tombent à cet égard dans un défaut tout opposé. Ce que la rhétorique est pour nous en France, les formules le sont pour les Allemands, une prétention qui, changée en habitude, finit par devenir naturelle. Ils prennent volontiers dans leurs livres la figure inexorable de la fatalité sur son siège d'airain. A la lecture de tel ouvrage, vous prendriez l'auteur pour une âme de bronze que rien d'humain ne peut atteindre. Telle était, même, je l'avoue, mon illusion sur M. Strauss lui-même, jusqu'à ce que, l'ayant connu de plus près, j'aie trouvé en lui, sous ce masque du destin, un jeune homme plein de candeur, de douceur, de modestie, une âme presque mystique et comme attristée du bruit qu'elle a causé.

Ce n'est point assurément là l'homme de l'ouvrage que je vais analyser. Pendant quinze cents pages, et de la même manière que s'il s'agissait d'une interpolation d'Homère et de Pindare, l'auteur dispute au Christ son berceau et son sépulcre ; il ne lui laisse que la croix. Les circonstances de la naissance du Fils de Marie lui semblent fabuleusement imitées de la naissance d'Abraham et de Moïse. Nemrod, Pharaon, voilà les modèles d'après lesquels la tradition a imaginé les massacres d'Hérode. Quant à la crèche, elle n'a été supposée dans Bethléem, de préférence à tout autre lieu, que pour se conformer au verset d'un prophète. L'étoile qui conduit les bergers n'est que le souvenir de l'étoile promise à Jacob dans la prophétie de Balaam. Les rois mages eux-mêmes n'auraient eu d'existence que dans un passage d'Ésaïe et dans le psaume LXXII. De la présentation au temple, on fait une légende inventée pour glorifier l'homme dans l'enfant; de la scène de Jésus expliquant la Bible à l'âge de douze ans, une copie des vies de Moïse, de Samuel, de Salomon, qui, à ce même âge, donnent des preuves d'une sagesse toute divine.

Les relations du Christ et de saint Jean-Baptiste amènent des interprétations non moins audacieuses. Dans ce système, les évangélistes ont attribué à saint Jean des idées qu'il lui eût été impossible de concevoir. Son point de vue plus étroit, sa tendance moins libérale, son génie plus rude, le rendaient incapable de comprendre, encore moins de prophétiser la venue de Jésus. D'ailleurs, selon l'auteur, si Jésus s'est soumis à recevoir le baptême, c'est là une preuve qu'il ne croyait point encore être le Messie. Tout au plus, il a suivi dans la foule l'enseignement de saint Jean, et il y a puisé quelques maximes de la secte des Esséniens.

On a fait à cet égard (1) une observation pleine de justesse, lorsqu'on a dit que, s'il est ici un personnage fabuleux, ce n'est pas celui dont la vie se passe au milieu des peuples qui le touchent, le voient, l'entendent, mais bien plutôt le solitaire qui, vêtu de poil de chèvre, errant loin des villes, se dérobe à ses propres disciples, et ne laisse de trace que sur le sable du désert ; que, par conséquent, le mythe ici devait être saint Jean, et Jésus-Christ l'histoire.

Je poursuis, Jésus se proposait-il un règne temporel ou céleste ? L'auteur répond : Le Christ espérait reconquérir le sceptre temporel de David, mais par des moyens tout divins. Les légions des

(1) J'emprunte cette idée au professeur Ullmann, dans son excellent ouvrage sur le docteur Strauss. Cette réfutation a paru d'abord dans le recueil qu'il a fondé avec M. Umbreit, et qui a acquis beaucoup d'autorité : *Études et Critiques de théologie*. Sous ce titre modeste, il faut se représenter une sorte d'encyclopédie où les questions les plus vitales de philosophie et d'histoire religieuse, d'exégèse orientale et grecque, sont traitées par les juges les plus compétents avec un large éclectisme qui me semble remonter à Schleiermacher lui-même. Je ne crois pas qu'aucun exemplaire des *Études* soit entré dans Paris, et cependant c'est certainement là une des lectures les plus instructives que l'on puisse entreprendre de nos jours. Au lieu de se débattre éternellement contre le dix-huitième siècle, pourquoi notre théologie en France ne s'adresse-t-elle pas à ces nouveaux lutteurs, quel que soit le nom qu'ils portent ? Là où est le combat, là est la vie.

anges, les morts ressuscités devaient placer ses disciples sur les douze trônes d'Israël. D'ailleurs, en ce qui regarde l'ancienne loi, il ne rejetait que le rituel, la forme extérieure, les abus du culte. Il en acceptait l'esprit, en sorte que sa mission n'a guère été que négative, et qu'il a été pour le mosaïsme à peu près ce que Luther a été pour le catholicisme.

Parlons encore plus clairement : il ne songeait point à étendre sa réforme au delà du peuple juif, dont il partageait la répugnance pour les nations étrangères. A l'égard de sa doctrine proprement dite, les Écritures n'en garderaient qu'une image bien infidèle, puisque ses discours, selon les trois premiers évangélistes, ne seraient rien que des fragments incohérents, espèce de travail de mosaïque dans lequel saint Mathieu surpasserait seulement les deux autres.

On avait disputé à Moïse le Décalogue : il était naturel que l'on en vînt à disputer à Jésus-Christ le sermon de la montagne et la prière dominicale, qui ne sont plus qu'une compilation de formules hébraïques. Saint Jean nous reste encore : tout repose sur ce dernier fondement. Que va-t-on décider? La conclusion ne se fait pas attendre; la voici : les discours que saint Jean rapporte sont beaucoup plus contestables que les précédents. Il faut les regarder comme des *compositions libres*,

mêlées de réminiscences des écoles d'Alexandrie.
Ainsi, pour presser la question, d'une part on aurait des maximes hébraïques, de l'autre des sentences de la philosophie grecque. Mais la doctrine de Jésus, à dire vrai, aurait disparu aussi bien que sa personne. Nulle certitude historique, nulle authenticité, sinon dans quelques débris de la polémique soutenue contre les pharisiens. L'auteur veut bien reconnaître, dans ces démêlés, le ton et l'accent de la dialectique des rabbins.

La dernière partie de l'ouvrage où convergent tous les rayons du scepticisme moderne entame des questions qu'en France nous sommes plus accoutumés à voir controversées. Le modèle de ce genre de polémique se trouve dans la fameuse lettre de Rousseau sur les miracles; mais ici la science est beaucoup plus grande, et le système tout différent. Les miracles de l'Évangile sont ou des paraboles prises plus tard pour des histoires réelles, ou des légendes, ou des copies de ceux de l'Ancien Testament. La multiplication des pains rappelle la manne dans le désert, et les vingt pains dont Élisée nourrit le peuple. L'eau changée en vin est une réminescence de l'eau saumâtre convertie par le prophète en une eau vive. Quelquefois le Nouveau Testament se copierait lui-même, comme dans le signe du figuier frappé de stérilité; ce prodige serait la contre-partie d'une parabole racontée plus haut.

Pour achever, qu'est-ce que la transfiguration du Christ sur le mont Thabor ? — Un reflet, une copie de celle de Moïse sur le mont Sinaï ? — Mais l'apparition de Jésus au milieu de Moïse et d'Élie n'implique-t-elle rien en soi de particulier ? — Un pur emblème pour signifier que Jésus est venu accorder la loi personnifiée dans l'un et les prophètes représentés par l'autre. — Il ne s'agit donc pas ici, comme je le croyais, de la transfiguration du Christ ? — Non, assurément, mais de la transfiguration d'une idée chrétienne. Reste à savoir maintenant où s'arrêterait un catéchisme continué dans ces termes.

J'arrive à la passion. A véritablement parler, l'auteur n'admet ici rien d'historique, excepté le crucifix qui encore lui rappelle le serpent d'airain suspendu à l'arbre de Moïse. Pour parler son langage, les scènes qui précèdent l'emprisonnement sont des mythes du second degré dans l'Évangile selon saint Jean, des mythes du troisième degré dans les Évangiles selon saint Mathieu, saint Marc et saint Luc. Il part de ce principe que l'ancienne loi n'annonce nulle part un Messie souffrant, que les figures que l'on a tirées d'Ésaïe s'appliquent au corps des prophètes, non à la personne du Christ, dont l'Ancien Testament, au contraire, a toujours annoncé et exalté le triomphe temporel.

L'esprit tout rempli de la présence de leur maître bien-aimé, les apôtres le voyaient en traits flamboyants sous chacun des emblèmes de la Bible ; naturellement et invinciblement, ils lui appliquaient toutes les paroles qui pouvaient se détourner du sens littéral ; ils s'abusaient eux-mêmes. Par suite d'une illusion semblable, on supposa, après l'événement, puis on se persuada que le Christ avait dû annoncer par avance sa mort, sa résurrection, sa réapparition. De là, les prophéties qui lui furent attribuées par les évangélistes. La scène du jardin des Oliviers, la sueur de sang, l'angoisse de la croix ; quoi encore ? le calice apporté par l'ange de la passion ; que va-t-on faire de cette douleur infinie ? Un plagiat tiré des Lamentations de Jérémie.

Ce pressentiment profond, qui saisit chaque créature, et même la plus vile, au moment de périr, va manquer à Jésus-Christ. Les deux larrons appartiendraient à Ésaïe ; la tunique partagée, les pieds et les mains cloués, le coup de lance dans le côté, l'absinthe et le vinaigre, même la soif sur la croix, tout cela, ainsi que la dernière parole de Jésus en expirant : *Eli lamma sabachthani*, serait, mot pour mot, tiré du psaume LXIX et du XXII$^e$ (1),

---

(1) M. Ewald place ce psaume XXII un peu avant l'exil, au temps de Jérémie. Page 162 des livres poétiques de l'Ancien Testament, seconde partie.

que le docteur Strauss déclare classique pour tout ce qui regarde la passion. A quoi il ajoute qu'un seul des évangélistes fait mention de la présence de la mère du Christ au pied de la croix, et que cette circonstance, si elle était véritable, n'eût pas été négligée par les autres.

Ici, je l'avoue, j'ai peine à concevoir que l'auteur s'arrête au milieu de ces scènes pour dire, en parlant de la passion selon saint Jean : « L'exposition de la scène fait honneur à la manière ingénieuse et animée du rapporteur. » A ce mot, ne vous semble-t-il pas voir se dresser et applaudir le spectre de Voltaire ? ou plutôt, une telle indifférence ne l'eût-elle pas étonné lui-même ? Quoi qu'il en soit, le sang-froid de l'auteur ne se dément plus dans les scènes qui suivent. Il n'y a, certes, qu'un érudit allemand qui pût rechercher avec cette impassibilité, où l'ironie moderne et l'hysope du Golgotha sont indissolublement mêlés, si Judas, comme un théologien l'a prétendu, a été un honnête homme méconnu, si le Christ a été cloué à la fois aux pieds et aux mains ; combien de fois il a eu soif ; combien d'heures il est resté en croix ; jusqu'où s'est enfoncée dans le côté la lance du soldat ; si le sang et l'eau ont pu couler de sa plaie vive ; supposé que Jésus, après un long évanouissement, soit sorti du sépulcre, en quel lieu s'abritait ce Dieu moribond ; si, comme le prétend sérieusement le célèbre professeur de théologie dogmatique Paulus, le Christ, échappé du tombeau, est mort d'une fièvre lente, causée par les stigmates de la croix, ou s'il a encore vécu, après la passion, vingt-sept ans, travaillant dans la solitude au bien de l'humanité, comme le dit M. Brennesche dans sa dissertation, et, enfin, sur quelle couche écartée a achevé de vivre, loin des regards de ses ennemis et de ses disciples, le Dieu fait homme.

Cette partie de l'ouvrage a la précision d'une instruction judiciaire. En cet endroit, M. Strauss semble dévier de son système des mythes, et faire une concession à une école adversaire, lorsqu'il admet que l'idée de la résurrection a pour origine une vision des disciples, toute semblable à celle de saint Paul sur le chemin de Damas ; il pense d'ailleurs que cette idée n'a pu se développer pleinement qu'en Galilée, loin du sépulcre et des restes mortels du Christ. L'ascension lui rappelle celle d'Énoch, les chevaux flamboyants d'Élie, lesquels, dit-il, pour se conformer à la nature plus douce de Jésus, durent être transformés en nuages, l'apothéose d'Hercule, de Romulus..., etc. Voilà ce livre dans ses éléments et dans sa nudité.

Ce n'est pas tout cependant ; l'auteur, en terminant, recherche quel sera le résultat de sa doctrine, supposé qu'elle soit généralement adoptée par le clergé. Que doit faire le prêtre convaincu que l'Évangile est une mythologie ? Le *prédicateur spéculatif* c'est le nom qu'il donne à cet étrange personnage, a, répond-il, quatre voies ouvertes devant lui. Premièrement, il peut garder sa doctrine pour lui seul, et continuer d'instruire le peuple conformément à la lettre de l'Écriture. Secondement, il peut, en racontant l'histoire sacrée, sous-entendre en lui-même et par une traduction tacite, les abstractions et le système des mythes ; par exemple, pendant qu'il parle de la résurrection du Golgotha, il doit penser secrètement à l'universelle palingénésie des idées, ou encore, en prêchant *tout haut* sur la Vierge Marie, songer *tout bas* à la nature, vierge visible, mère éternelle de toutes choses. Mais cette méthode subtile court le risque de rappeler celle des réticences mentales du père Bauny, et, malgré le détour d'intention, elle rentre dans le premier cas. Troisièmement, l'orateur sacré peut travailler ouvertement à ruiner la croyance populaire, et à la transformer en spéculation. Quatrièmement (car le moyen qui précède n'est pas lui-même sans difficultés), il ne reste, en définitive, au *prédicateur spéculatif*, qu'à descendre de la chaire et à sortir de l'Église ; ce sont aussi là les dernières paroles de l'auteur.

## III

Si maintenant l'on demande quel effet doit produire cet ouvrage sur l'esprit d'un homme impartial, en admettant qu'il y en ait de tels dans ces matières, je répondrai là-dessus sans détour. Prétendre que ce livre peut être jugé en dernier ressort par l'analyse que je viens d'en présenter, ce serait abuser déloyalement de ce qu'il n'a point été traduit dans notre langue. L'esprit d'une œuvre quelconque, de philosophie, d'art ou de critique, ne se reproduit pas ainsi en quelques lignes il y faut bien plus de circonspection qu'on ne se le figure en général.

Combien ces difficultés ne s'augmentent-elles pas s'il s'agit d'un étranger ! Occupé tout entier à présenter dans leur crudité les résultats de l'auteur, j'ai dû négliger les nuances, les tempéraments, les préparations, et surtout le cortège de preuves qui ne le quittent jamais. Malgré moi, je me serai attaché aux parties les plus saillantes qui dénoncent le mieux l'esprit général d'une école, au risque de laisser dans l'ombre quelques-uns des traits particuliers de l'écrivain. Sa pénétration

dans le monde des détails, son amour sincère de
la vérité, le succès même de son explication en
mainte rencontre, le stoïcisme d'un langage vrai,
net, qui, dégagé du jargon des écoles, va droit au
but, et que quelques-uns de ses adversaires ont
comparé à celui de Lessing, sa fermeté, son indépendance d'esprit, sa dureté même, qui le fait entrer comme un fer aigu dans les entrailles des
choses, quand d'autres s'arrêtent mollement aux
surfaces, enfin son érudition rare et profonde,
voilà ce que personne de sensé ne lui contestera.
Il a rendu le cruel service de sonder, de palper,
d'élargir la plaie vivante de notre temps avec plus
de vigueur, de logique, d'intrépidité que personne,
si bien que l'indifférence même en a tressailli et
s'est relevée en criant sur sa couche. Lorsqu'on
prend ce livre, si triste, si glacé, si tranchant, il
faut redire le mot de cette femme en se poignar-
dant : « Cela ne fait point de mal. »

Avec le même désir de rester dans la vérité, je
reconnaîtrai que, dès l'ouverture de cette histoire,
on voit clairement que le système est conçu par
avance ; qu'il ne naît pas nécessairement des faits ;
qu'au contraire l'auteur, avec la ferme volonté de
tout y ramener, ne s'en démettra devant aucun
obstacle ; que, par là, il est entraîné à une intolé-
rance logique qui ressemble à une sorte de fana-
tisme, et rappelle, avec plus de sang-froid et de

maturité, l'esprit exterminateur de Dupuis et de Volney. J'ai même quelque sérieuse raison de croire que, revenu de la première fougue de la discussion, il ne serait pas éloigné d'admettre la justesse de cette critique.

Un second reproche que je ferai à cet ouvrage, parce que la critique allemande n'y a pas assez insisté, c'est que l'intelligence et la connaissance, il est vrai, prodigieuse des livres, y semblent étouffer le sentiment de toute réalité. Au milieu de cette négation absolue de toute vie, vous êtes vous-même tenté de vous interroger, pour savoir si vos impressions les plus personnelles, si votre souffle et votre âme ne sont pas aussi, par hasard, une copie d'un texte égaré du livre de la fatalité, et si votre propre existence ne va pas soudainement vous être contestée comme un plagiat d'une histoire inconnue.

Dès que l'auteur rencontre un récit qui sort de la condition des choses les plus ordinaires, il déclare que cette narration ne renferme aucune vérité historique, et qu'elle ne peut être qu'un mythe. Or, n'est-ce pas appauvrir et ruiner la nature et la pensée, que de les mettre ainsi tout ensemble sur ce lit de Procuste ? N'accepter pour légitimes que les impressions conformes au génie d'une société inerte à la manière de la société présente, n'est-ce pas borner étrangement le cœur de l'homme ? Sommes-nous donc si assurés d'être en tout la mesure du possible? O docteur! combien de miracles se passent dans les âmes, et que la connaissance des livres ne nous enseignera pas ! Que l'enthousiasme et l'amour et les révolutions sont là-dessus nos grands maîtres ! Qu'ils savent de choses que toutes les bibliothèques du monde ne nous enseigneront jamais ! Je sens que j'ai besoin d'éclaircir cela par un exemple : le voici :

Il est tiré de la première rencontre du Christ et des disciples, au bord du lac de Galilée. M. Strauss voyant avec quelle promptitude Jésus captive, d'un mot, les apôtres, fait cette réflexion fort judicieuse en apparence : qu'il est étrange que le Christ n'ait pas voulu éprouver ces hommes avant de les choisir ; qu'il est plus incroyable encore que ceux-ci, sans avoir établi de longues relations avec lui, sans avoir appris à le connaître par expérience, aient quitté leurs maisons, leur pays, leur état, leurs familles, pour le suivre dans sa prédication ; que, d'ailleurs, on découvre une contradiction manifeste entre cette facile obéissance et le doute qui les saisit plus tard. De ce raisonnement et de quelques autres, il conclut que cette rencontre prétendue des apôtres et du Christ n'est rien qu'une allégorie, une figure forgée trente ans plus tard, à l'imitation de la rencontre du prophète Élie et de son serviteur Élisée.

A mon tour, je le demande, pourquoi mettre sur le compte de l'imitation et de l'érudition pharisienne ce qui s'explique si pleinement, si naturellement dans le récit de l'évangéliste? Qui ne voit d'un côté l'autorité de Jésus, la puissance attachée à ses traits, à sa voix à son geste, à sa parole mystérieuse et, de l'autre, des pêcheurs saisis par cette parole, entraînés, subjugués, fascinés par cette grandeur qui apparaît au milieu d'eux? Est-ce donc autrement que l'enthousiasme saisit les âmes, et que les hommes se donnent les uns aux autres? Est-ce, comme le docteur allemand le suppose, par une lente et successive expérience de la supériorité du maître, ou bien par un ravissement soudain, par un emportement irréfléchi, par un abandon entier de soi à la volonté, aux regards, à la pensée d'un autre? Qui n'a connu des exemples de ce genre, je ne dis pas seulement dans la vie publique, mais aussi dans la vie privée, même la plus obscure, laquelle se passe rarement sans être éclairée, un jour, une heure au moins, par l'une de ces prodigieuses illuminations?

Et les miracles d'amitié, d'héroïsme, est-ce l'expérience, est-ce la temporisation qui les fait? N'est-ce pas plutôt l'affaire d'un instant suprême dans lequel tout est perdu ou gagné? « Les disciples ont douté l'instant d'après, » dites-vous? Preuve nouvelle que vous êtes ici dans la vérité, dans la réalité, dans l'histoire. Quoi de plus naturel que l'abattement après l'excès de l'enthousiasme? Ce sont là de ces traits que n'inventent ni la tradition poétique ni la mythologie. Ce sont bien là des hommes, non des mythes.

Pour moi, je l'avoue, tel que le siècle m'a fait, je ne puis encore relire ce début de l'Évangile sans entendre, comme les pêcheurs de Galilée, l'écho de cette voix bien réelle qui vous dit : « Lève-toi et marche, et cours au bout du monde ; » tant il y a là d'enthousiasme avéré et senti! C'est le *fiat lux* dans la genèse du christianisme ; c'est le mouvement duquel s'engendrent tous les autres. Vous entendez à ce mot les disciples se lever, et pousser devant eux l'ancienne société, l'empire romain qui se dresse à son tour sur son siège et qui suit l'impulsion, puis l'Église, puis les conciles, puis la papauté, puis la Réforme, et ce mouvement propagé de siècle en siècle, de génération en génération, arrive à la fin, et sans discontinuité, jusqu'à vous.

Autre exemple. Je le choisis parce qu'il fournit en soi un excellent abrégé de la manière accoutumée de l'auteur. C'est la scène de la tentation du Christ dans le désert. M. Strauss commence par montrer les difficultés, les invraisemblances, les fictions qui se rencontrent dans les évangélistes : un jeûne de quarante jours, l'apparition du démon sous une forme palpable, Jésus transporté d'abord sur le faîte du temple, puis sur une montagne d'où l'on découvre tous les royaumes, la légion des anges qui lui apportent du ciel sa nourriture. Il combat avec avantage les explications naturelles que l'on a jusqu'ici données de ces circonstances; il prouve que cette scène n'est ni une vision, ni un songe, ni une parabole. Surtout il n'a pas de peine à démontrer que Satan n'était point un pharisien déguisé et envoyé pour proposer à Jésus d'entrer dans une conspiration contre les Romains.

Cette réfutation accomplie, il ouvre l'Ancien Testament. Il y trouve tous les traits de la scène racontée par le nouveau. Moïse, Élie jeûnent dans le désert pendant quarante jours; Satan, pendant quarante années, y tente le peuple d'Israël. Ce nombre de quarante ainsi répété, cette tentation du peuple qui s'appelait aussi fils de Dieu, enfin les anges qui préparent la nourriture d'Élisée, ne sont-ce pas là les traits principaux ou les modèles du récit calqué plus tard par la tradition chrétienne sur les livres de l'ancienne loi? Donc cette scène n'a en soi rien de réel et nul fond historique. Elle ne répond à aucun moment de la véritable vie de Jésus.

Cette analyse semble complète. Il y manque, à mon avis, une partie importante, qui est un examen plus profond de la vie intérieure du Christ. Jésus vient de recevoir le baptême. Il publie pour la première fois sa mission. Au moment d'achever de se révéler, il se recueille dans le désert. Qui peut savoir les angoisses, les combats, les ennemis intérieurs qui ont assailli dans la solitude ce nouveau Jacob aux prises avec l'ange inconnu? Avant de déclarer la guerre à toute la nature visible, avant de jeter l'humanité dans l'avenir, comme un monde dans une orbite nouvelle, qui sait si le révélateur n'a pas hésité dans son cœur, si le passé tout entier ne s'est pas dressé devant lui comme une embûche, si l'univers muet, revêtu de sa splendeur empruntée, ne lui a pas dit par cent voix de se prosterner et de l'adorer, au lieu de le combattre ; si ses pensées ne l'ont pas ravi sur leurs ailes, au faîte du temple et de la montagne sacrée ; si de là il n'a pas vu à ses pieds, d'un côté les royaumes temporels avec leurs peuples inclinés et soumis, de l'autre l'empire incommensurable des pensées avec l'éternelle passion et la croix au lieu du sceptre de Juda? Qui sait si, en ce moment, il n'a pas connu par avance la sueur de sang de Gethsamanné, et si, de ce faîte de douleurs, il ne s'est pas écrié déjà, à la vue de la terre soulevée contre lui : « Mon père! mon père! pourquoi m'as-tu abandonné? »

Si le doute a pu approcher de lui, assurément

ce fut là le noir Satan sur le trône des ténèbres. Cette histoire ne serait donc point aussi illusoire qu'on le prétend. Au contraire, elle toucherait à ce qu'il y a de plus intime, c'est-à-dire de plus réel, dans la vie de Jésus. Relevé de cet abattement mortel, la lumière intérieure reparaît pour lui. Les cieux se rouvrent. En ce moment le Christ reprend la possession de lui-même jusqu'au Calvaire. Les légions des anges immaculés descendent dans son cœur. Ils achèvent de fortifier d'une nourriture céleste cet esprit lassé dans le combat. Dans tout cela, où est l'impossible ? où est l'imitation ? où est la fable ? et comment se faire une idée de l'Évangile, si l'on n'y voit une continuelle transfiguration de l'histoire intérieure et des pensées du Christ ? Je m'arrête ici, car ce point seul m'entraînerait trop loin.

D'autres fois l'auteur substitue à la simplicité des Écritures une abstraction qui me semble répugner étrangement à leur génie. Ainsi la rencontre de Jésus et de la Samaritaine auprès d'un puits le renvoie naturellement à celle d'Éliezer et de Rébecca, de Jacob et de Rachel, de Moïse et de Séphora. Ces ressemblances, fortifiées, il est vrai, de plusieurs circonstances tirées du dialogue, le conduisent à sa conclusion ordinaire, que ce récit n'est rien autre chose qu'un mythe. Je le veux bien. Mais, ceci admis, la difficulté augmente.

Cette courte narration, qui portait un tel cachet de simplicité, que va-t-elle devenir? Une formule de la philosophie de l'histoire. La Samaritaine au bord du puits est l'emblème d'un peuple impur qui a rompu l'alliance avec Jéhovah. Le dialogue tout entier n'est que la figure des relations des premiers chrétiens avec les Samaritains. Mais, comme l'auteur nie que ces relations aient jamais existé en effet, il ne nous reste plus que le symbole d'un symbole, la figure d'un rêve, l'ombre d'une ombre; ici le sol manque sous les pas. De bonne foi, ces abstractions, rédigées en légendes, ne sont-elles pas tout le contraire de l'esprit des Évangiles? L'auteur est ici dans les théories modernes, dans la synthèse de Hegel. Il est dans le dix-neuvième siècle; il n'est plus dans le premier.

Ailleurs, je regrette qu'après s'être enseveli dans la littérature des rabbins et du Talmud, il n'ait pas eu recours plus souvent aux voyages modernes qui peignent la vie de l'Orient. Je suis convaincu qu'il aurait trouvé, dans le spectacle des peuples du Levant, quelques traits qui auraient éclairé son sujet. Il eût fait plus; il eût tempéré par là sa tendance, évidemment trop constante, à tout réduire en abstractions. S'il eût un peu plus approché de ces rivages des apôtres, les scènes du lac de Galilée, le Christ endormi dans l'orage, les flots apaisés par ses paroles, ne lui eussent plus, j'imagine, paru seulement des fictions sans corps, imitations érudites du passage de la mer Rouge, ou figures de la vertu embarquée sur un océan orageux.

A cet égard, quel que soit le mépris de la théologie et de la philosophie pour toutes les observations qui ne sont pas recueillies d'un vieux livre, me sera-t-il permis de citer ici, entre mille, un de ces faits dont j'ai été témoin? Il m'a trop donné à penser, lorsqu'il arriva, pour que je puisse facilement l'oublier. C'était à l'entrée de la nuit, sur les côtes de Malte. J'étais avec quatre matelots de Psara, dans un canot sans voile, loin de tout refuge, car un peu auparavant on nous avait repoussés de l'île avec beaucoup d'inhumanité. La tempête était très forte, la nuit très noire; les rameurs, déconcertés, avaient quitté leurs rames; nous étions près de sombrer. En ce moment de détresse, le capitaine (1), qui tenait l'aviron, se lève subitement. C'était un des plus hardis compagnons de Canaris. Inspiré par le danger, il souffle mystérieusement sur les eaux, et s'écrie en montrant du doigt les vagues refoulées : *Enfants, voyez, voyez les démons qui s'envolent!* Les rameurs regardent avec stupéfaction autour d'eux; puis ils recommencent à lutter contre le vent. Un

---

(1) Le capitaine Dimitri.

peu après, le vaisseau que nous poursuivions se fit voir près de nous dans les ténèbres, comme une apparition. Nous étions sauvés.

N'est-il pas évident que, du fond d'une bibliothèque, rien ne serait plus facile que de convertir ce récit en un mythe emprunté aux *Actes des apôtres?* Le lieu de la scène est le même que celui du naufrage de saint Paul. Les démons qui s'envolent appartiennent à la mythologie des pharisiens, qui eux-mêmes l'ont empruntée à la religion des mages. Il est impossible que le principe du mal ait apparu sous une forme personnelle. Les démons ont-ils des ailes ? Habitent-ils au fond des mers ? Que de questions insolubles par la raison ! Il est bien plus facile d'admettre que le tout a été instinctivement imité du récit de saint Luc. D'autre part, il est probable que les rameurs, en arrivant chez eux, auront raconté qu'ils ont vu des démons marins aux ailes couleur des flots. Lequel croire du philosophe ou de l'homme du peuple ? La science toute seule toucherait-elle de si près à l'ignorance? Cela pourrait bien être.

Sans entrer dans plus de détails, combien de questions me resteraient encore à examiner : si l'époque du Christ était propre à l'invention d'une mythologie ? en quoi la science d'Alexandrie pouvait contrôler les imaginations de Jérusalem, ce qui conduirait à l'examen de l'esprit de critique dans le monde romain; si trente ans ont dû suffire à l'établissement d'une tradition toute fabuleuse? si le ton des évangiles apocryphes n'est pas fort distinct de celui des livres canoniques? si les *Actes des apôtres*, tenus pour avérés (1), ne présentent pas des récits analogues à ceux des évangélistes? si les paraboles dans les monuments primitifs ne sont pas expressément séparées du récit, et si, par conséquent, la démarcation de l'histoire et de l'allégorie n'a pas été observée par les écrivains eux-mêmes? La préface de l'Évangile selon saint Luc, si raisonnée, si méthodique, si philosophique, est-ce bien là l'introduction d'un recueil de mythes? Les épîtres de saint Paul ne portent-elles pas une telle empreinte de réalité, que ce témoignage rejaillit sur l'époque précédente? et cet homme, si semblable à nous, si voisin de nous, que nous le touchons de nos mains, ne plaide-t-il pas pour la vérité, pour l'intégrité historique des personnages que nous n'atteignons que par son intermédiaire? Voilà autant de points qu'il faudrait examiner de près.

A l'égard de la comparaison des évangiles et des poèmes d'origine populaire, je l'accepte et je

---

(1) Ils ne le sont plus. Le professeur de théologie Bauer vient d'y appliquer le système des mythes. Ainsi on peut dire qu'aujourd'hui les Épîtres de saint Paul aux Corinthiens et aux Romains sont les seuls monuments du christianisme primitif qui aient été laissés intacts par la critique.

dis : Charlemagne a été transfiguré par les imaginations du moyen âge. Mais sous la fable était cachée l'histoire; sous la fiction des douze paladins il y a l'auteur des Capitulaires, le conquérant des Saxons, le législateur et le guerrier. Comment, sous la tradition des apôtres, n'y aurait-il qu'une ombre? Il me suffira aujourd'hui de livrer ces questions aux réflexions des lecteurs qui m'auront suivi jusqu'ici.

## IV

Ce qui ne peut manquer de frapper ceux qui entreront plus avant dans cet examen, c'est qu'au point de vue de l'auteur (1) le christianisme serait un effet sans cause. Comment cette figure dépouillée du Christ, ombre dont il ne reste aucun vestige appréciable, larve errante dans la tradition, aurait-elle dominé tous les temps qui ont suivi ? Je vois l'univers moral ébranlé, mais le premier moteur m'échappe. Si, dans le Nouveau Testament, il n'y a point de spontanéité, d'où est sortie la vie ? Le monde civil serait-il né d'un plagiat ? Si la nouvelle loi n'est rien autre chose que la reproduction de l'ancienne, si l'esprit de création n'a éclaté nulle part, si le miracle du renouvellement du monde ne s'est point accompli, que faisons-nous ici, et que ne sommes-nous dans les murailles de l'ancienne cité ?

Ce qui démontre, en effet, la grandeur personnelle du Christ, ce n'est pas tant l'Évangile que

(1) Je me sers, en général, de la première édition du livre du docteur Strauss. Dans la dernière, il a fait quelques concessions. Je m'attache ici au système en lui-même, plutôt qu'à suivre les fluctuations de l'auteur.

le mouvement et l'esprit des temps qui lui ont succédé. Je ne saurais rien des Écritures, et le nom même de Jésus serait effacé de la terre, qu'il me faudrait toujours supposer quelque part une impulsion toute-puissante vers le temps des empereurs romains. Lorsque M. Strauss dit à cet égard : « Nous regardons l'invention de l'horloge marine et des vaisseaux à vapeur comme au-dessus de la guérison de quelques malades de Galilée, » il est visible qu'il est la dupe de son propre raisonnement. Car enfin il sait, comme moi, que le miracle du christianisme n'est pas dans cette guérison, mais bien plutôt dans le prodige de l'humanité étendue sur son grabat, puis guérie du mal de l'esclavage, de la lèpre des castes, de l'aveuglement de la sensualité païenne, et qui, subitement, se lève et marche loin du seuil du vieux monde. Il sait que le prodige n'est pas tout entier dans l'eau changée en vin aux noces de Cana, mais plutôt dans le changement du monde par une seule pensée, dans la transfiguration soudaine de l'ancienne loi, dans le dépouillement du vieil homme, dans l'empire des Césars frappé de stupeur comme les soldats du sépulcre, dans les Barbares dominés par le dogme qu'ils ont vaincu, dans la réforme qui le discute, dans la philosophie qui le nie, dans la Révolution française qui croit le tuer et ne sert qu'à le réaliser. Voilà les miracles qu'il fallait comparer à ceux de l'astrolabe et de l'aiguille aimantée.

Quoi ! cette incomparable originalité du Christ ne serait qu'une perpétuelle imitation du passé, et le personnage le plus neuf de l'histoire aurait été perpétuellement occupé à se former, ou, comme quelques personnes le disent aujourd'hui, à se poser d'après les figures des anciens prophètes ! On a beau objecter que les évangélistes se contredisent fréquemment les uns les autres, il faut avouer, à la fin, que ces contradictions ne portent que sur des circonstances accessoires, et que ces mêmes écrivains s'accordent en tout sur le caractère même de Jésus-Christ.

Je sais bien un moyen sans réplique pour prouver que cette figure n'est qu'une invention incohérente de l'esprit de l'homme. Il consisterait à montrer que celui qui est chaste et humble de cœur, selon saint Jean, est impudique et colère selon saint Luc ; que ses promesses, qui sont spirituelles selon saint Mathieu, sont temporelles selon saint Marc. Mais c'est là ce que l'on n'a point encore tenté de faire, et l'unité de cette vie est la seule chose que l'on n'ait point disputée.

Sans nous arrêter à cette observation, accepterons-nous, pour tout expliquer, la tradition populaire, c'est-à-dire le mélange le plus confus que l'histoire ait jamais laissé paraître, un chaos d'Hébreux, de Grecs, d'Égyptiens, de Romains, de grammairiens d'Alexandrie, de scribes de Jérusalem, d'Esséniens, de Sadducéens, de Thérapeutes, d'adorateurs de Jéhovah, de Mithra, de Sérapis ? Dirons-nous que cette vague multitude, oubliant les différences d'origines, de croyances, d'institutions, s'est soudainement réunie en un seul esprit, pour inventer le même idéal, pour créer de rien et rendre palpable à tout le genre humain le caractère qui tranche le mieux avec tout le passé, et dans lequel on découvre l'unité la plus manifeste ? On avouera au moins que voilà le plus étrange miracle dont jamais on ait entendu parler, et que l'eau changée en vin n'est rien auprès de celui-là !

Cette première difficulté en entraîne une seconde ; car, loin que la plèbe de la Palestine ait elle-même inventé l'idéal du Christ, quelle peine ces intelligences endurcies n'avaient-elles pas à comprendre le nouvel enseignement ? Ce qui demeure de la lecture de l'Évangile, si on la fait sans système conçu par avance, sans raffinements, sans subtilité, n'est-ce pas que la foule et les disciples eux-mêmes sont toujours disposés à saisir les paroles du Christ dans le sens de l'ancienne loi, c'est-à-dire dans le sens matériel ? N'y a-t-il pas une contradiction perpétuelle entre le règne tout spirituel annoncé par le maître, et le règne temporel attendu par le peuple? La plupart des paraboles ne finissent-elles pas par ces mots ou d'autres équivalents : « A la vérité, il parlait ainsi, mais eux ne l'entendaient pas? » Preuve manifeste, preuve irréfragable que l'initiative, l'enseignement, c'est-à-dire l'idéal, ne venaient pas de la foule, mais qu'ils appartenaient à la personne, à l'autorité du maître, et que la révolution religieuse, avant d'être acceptée par le plus grand nombre, a été conçue et imposée par un législateur suprême.

Si quelque chose distingue le christianisme des religions qui l'ont précédé, c'est qu'il est l'apothéose, non plus de la nature en général, mais de la personnalité même. Voilà son caractère dans son commencement et dans sa fin, dans ses monuments et dans ses dogmes. Comment ce caractère manquerait-il à son histoire? S'il n'eût dominé exclusivement dans l'institution nouvelle, celle-ci n'eût été qu'une secte de la grande mythologie de l'antiquité. Au contraire, le genre humain l'en a profondément distinguée, parce qu'elle s'est en effet établie sur un fondement nouveau. Le règne intérieur d'une âme qui se trouve plus grande que l'univers visible, voilà le miracle permanent de l'Évangile. Or, ce prodige n'est pas une illusion, ni une allégorie, c'est une réalité. De la même manière que, dans le paganisme, la nature palpable, la mer, la nuit primitive, le chaos sans rive, ont servi de base véritable aux inventions des peuples, de même ici l'âme infinie du Christ a servi de fondements à toute la théogonie chrétienne; car, qu'est-ce que l'Évangile, sinon la révélation du monde intérieur?

En cet endroit, je rencontre un étrange raisonnement. On dit : le premier terme d'une série ne peut être plus grand que celui qui la termine. Ce serait là un effet contraire à la loi de tout développement; d'où l'on infère que Jésus, étant le premier dans la progression des idées chrétiennes, a dû nécessairement rester au-dessous de la pensée et des types des générations suivantes. De cette proposition, il résulterait également que Jésus céderait la place à saint Paul, saint Paul à saint Augustin, saint Augustin à Grégoire VII, Grégoire VII à Luther; et sur ce terrain mobile, chacun se détruisant l'un l'autre, et n'y ayant plus rien de fixe dans la conception du saint, du juste, du beau, du vrai, qui sait si nous ne trouverions pas, en définitive, être le terme ascendant de cette échelle de sainteté? Car nous aussi nous sommes à l'extrémité d'une série. On prouverait tout aussi bien par là qu'entre Homère et Virgile c'est le second qui fut le maître.

Mais depuis quand l'inspiration de la beauté, de la justice, de la vérité, est-elle une progression

12.

arithmétique ou géométrique? On voit qu'il ne s'ags du Christ seul, mais bien du principe même de toute personnalité, et que cela va nier la vie même. Pour moi, je reste persuadé que la personne du Christ fait tellement partie de l'édifice de l'histoire depuis dix-huit cents ans, que, si vous la retranchez, toute autre doit être niée par la même raison et au même titre; et, sans se déconcerter aucunement, il faut admettre comme conséquence inévitable une humanité sans peuples, ou plutôt des peuples sans individus, générations d'idées sans formes, qui meurent, renaissent pour mourir encore au pied de l'invisible croix, où reste éternellement suspendu le Christ impersonnel du panthéisme.

L'auteur exprime d'ailleurs cette conclusion aussi nettement qu'on peut le désirer, lorsqu'il résume sa doctrine dans cette sorte de litanie métaphysique : « Le Christ, dit-il, n'est pas un individu, mais une idée, ou plutôt un genre, à savoir, l'humanité. Le genre humain, voilà le Dieu fait homme; voilà l'enfant de la vierge visible et du père invisible, c'est-à-dire de la matière et de l'esprit; voilà le sauveur, le rédempteur, l'impeccable; voilà celui qui meurt, qui ressuscite, qui monte au ciel. En croyant à ce Christ, à sa mort, à sa résurrection, l'homme se justifie devant Dieu. » Je cite ces paroles, non seulement parce qu'elles résument tout le système de l'auteur, mais aussi parce qu'elles sont l'expression la plus claire de cette apothéose du genre humain à laquelle nous avons tous plus ou moins concouru depuis quelques années.

Dépouiller l'individu pour enrichir l'espèce, diminuer l'homme pour accroître l'humanité, voilà la pente. On met sur le compte de tous ce que l'on n'oserait dire de soi. L'amour-propre est en même temps abattu et déifié. Cette idée a une certaine grandeur titanique qui nous enchante tous. Cette grandeur est-elle réelle, et ne nous abusons-nous pas étrangement les uns les autres ? Voilà la question.

Si l'individu ne peut lui-même être le juste, le saint par excellence, s'il n'est pas *un même esprit avec Dieu*, s'il est incapable de s'élever au suprême idéal de la vertu, de la beauté, de la liberté, de l'amour, qu'est-ce à dire ? Et comment ces attributs deviendront-ils ceux de l'espèce ? Dites-moi combien il faut d'hommes pour faire l'humanité ? Deux, trois individus atteindront-ils cet idéal ? Si ceux-là ne suffisent pas, trois mille, trois cent mille, trois millions, qu'importe le nombre, y réussiront-ils davantage ? Entassons tant que nous le voudrons ces unités vides, le résultat sera-t-il moins vide qu'elles ? Ne voyons-nous pas que nous faisons là un travail insensé ; que si la personne humaine n'est qu'un néant aliéné de Dieu, comme nous le décidons, les peuples aussi, de leur côté, ne sont que des collections de néant, et qu'en ajoutant les nations aux nations, les empires aux empires, quelques beaux noms que nous leur donnions, Inde, Assyrie, Grèce, Rome, empires d'Alexandre, de Charlemagne, de Napoléon, nous avons beau multiplier les zéros, nous n'enfantons que le rien, et que, toujours prétendant à l'infini, nous ne faisons en réalité qu'embrasser dans l'humanité un plus parfait néant, puisqu'il est le composé de tous ces néants ensemble?

Si cela est vrai, il en résulte que toute vie, toute grandeur, comme toute misère, relèvent de l'individu. Supposé donc que nous voulions nous exalter avec tout le genre humain, il ne faut pas renier la dignité de la personne. Tout le génie même du christianisme est de l'avoir consacrée d'une manière absolue. Car, si la vie du Dieu fait homme a un sens compréhensible pour tous, irrécusable pour tous, c'est qu'elle montre que dans l'intérieur de chaque conscience habite l'infini, aussi bien que dans l'âme du genre humain, et que la pensée de chaque homme peut se répandre et se dilater jusqu'à embrasser et pénétrer tout l'univers moral.

Je me persuade qu'un homme qui n'aurait étudié d'autre livre de théologie moderne que celui de

M. Strauss serait bien étonné de l'entendre conclure de tout ce qui précède, qu'après tout, son livre ne viole en rien la croyance de l'Église chrétienne; que plutôt il la confirme; que tout ce qu'il a détruit par la critique, il va le rétablir *dogmatiquement;* que la naissance du Dieu fait homme, ses miracles, sa résurrection, son ascension, ne laissent pas d'être d'éternelles et irréfutables vérités ; qu'il rentre ainsi dans l'orthodoxie par une voie qu'il appelle, il est vrai, *détournée.* Mais c'est une des maximes des casuistes modernes, qu'il n'est point nécessaire de savoir si l'Évangile repose sur une vérité historique. La philosophie considère le christianime en lui-même comme une abstraction. Si elle juge ses dogmes raisonnables, elle déclare qu'il a en soi la réalité éternelle, auprès de laquelle toute autre n'est qu'une ombre; d'où il suit qu'il ne faut plus s'inquiéter de son origine dans le temps. Dès ce moment, la foi est abritée dans la métaphysique, comme dans l'arche d'alliance. Le tabernacle se referme; toutes les objections tombent. C'est ce que l'on appelle *le procédé de la théologie spéculative.*

Spinosa fournit encore ici le remède après avoir fait la blessure. Ce moyen est contenu dans les paroles suivantes de l'une de ses lettres : « Pour vous ouvrir entièrement mon esprit, je vous dirai qu'il n'est oint indispensable pour le salut de croire au

Christ selon la chair, mais bien à ce fils éternel de Dieu, c'est-à-dire à l'éternelle sagesse qui se manifeste en toutes choses, principalement dans l'esprit de l'homme, mais plus encore qu'en tout le reste, en Jésus-Christ. » Dans cette métaphysique est caché l'abîme où se recèle la théologie allemande, toutes les fois qu'elle veut se dérober à ses propres conséquences. C'est le nuage où se retire, au milieu de la mêlée, le dieu poursuivi par Ajax.

Du mélange de la métaphysique et de la théologie s'est formée, en Allemagne, une langue savante qui n'a aucun analogue dans les peuples modernes. Pour trouver un idiome semblable, il faut remonter aux scolastiques ou aux alexandrins. La parole couvre la pensée de l'écrivain comme le bois sacré enveloppait la demeure de l'oracle. Au sein de ces magnifiques ténèbres, séparés du monde et de la nature entière, sans témoins, sans échos, l'audace des théologiens s'accroît de leur isolement. Cachés dans cette enceinte, ils s'excitent les uns les autres à des hardiesses de pensées que difficilement ils se permettraient au grand jour. Voilà un des avantages du mystère. Voyons-en les inconvénients.

J'en aperçois deux principaux. D'abord, tout est mis en question dans le sanctuaire, quand tout paraît en sûreté au dehors ; par où l'on voit que le résultat de cette situation prolongée serait d'établir une double doctrine, l'une secrète, l'autre publique ; celle-là pour le prêtre, celle-ci pour le peuple : distinction qui répugne à une époque où le secret est impossible, où, les castes disparaissant, le sacerdoce véritable tend de plus en plus à se confondre avec le genre humain lui-même, et l'Église avec l'État. En second lieu, au moyen de l'étrange logomachie dans laquelle on se déguise, il arrive presque nécessairement qu'après le combat personne ne sait plus sur quel terrain il demeure, s'il est dans la croyance ou dans le doute. Les questions se compliquent à l'infini, sans se résoudre jamais. Dans cette obscurité pleine d'embûches naissent ce que Bacon appelait la philosophie fantasque et la foi hérétique. Chacun s'enveloppe d'une formule, comme les acteurs antiques se couvraient d'un masque monstrueux. Mais l'affaire est ici trop sérieuse pour que personne puisse rester en ces termes. Qui a gagné, qui a perdu à ce terrible jeu où tout est mis à croix ou pile? Est-ce la philosophie? est-ce la religion? Il serait temps d'en être clairement informé.

## V

En général, je crois sentir que les rapports de la religion et de la philosophie, changés, intervertis par les temps, ont été de trois sortes. D'abord la première a dominé la seconde et l'a traitée en vassale ; c'est par là que toute foi commence. Les Pères de l'Église s'emparaient des théories de Platon comme du domaine naturel de la révélation ; il les convertissaient en hymnes, en litanies, en légendes, en symboles canoniques. A véritablement parler, il y avait alors au sein du christianisme un dogme et point de philosophie. Après cela la foi et le raisonnement parurent mêlés et indissolublement confondus dans la scolastique. Ce fut le court moment où ils s'accordèrent l'un l'autre, quoique déjà cette paix fût plus apparente que réelle. Plus tard, la philosophie, sortie de son berceau vers le temps de Descartes et de Malebranche, commença involontairement à mordre sa nourrice. Dans le siècle suivant, c'est-à-dire dans le dix-huitième, la lutte fut acharnée ; l'alliance parut pour jamais rompue. De nos jours, la philosophie tout à fait victorieuse fait la magnanime : elle comprend, elle admet, elle relève, elle réhabilite la foi. Au commencement, c'était la religion qui transformait la philosophie; de nos jours, c'est la philosophie qui transforme la religion. Par ce peu de mots, il est facile de voir quel chemin on a fait.

Ces réflexions suffisent aussi pour expliquer d'où naît le fond de quiétude que j'ai remarqué plus haut dans le scepticisme des Allemands. Ils n'entre point sans guides dans ce labyrinthe, comme la philosophie du dernier siècle. Au sein même du doute, ils conservent un simulacre de tradition qui suffit pour les sauver du vertige. C'est ce qu'ils appellent garder l'idée en sacrifiant la lettre. Tout impalpable qu'il est, ce fil imaginaire les empêche de se croire entièrement égarés ; et, bien que leur critique soit souvent plus meurtrière que celle de Voltaire, ils ne laissent pas de dire comme Polyeucte : « Je suis chrétien ! »

L'accord de la science et de croyance est le premier problème que se posent toutes les écoles ; chacune estime l'avoir résolu à la satifaction générale. Seulement, de transformations en transformations, il arrive souvent que l'institution chrétienne devient précisément *ce qui n'a plus de nom dans aucune langue*. Qui ne voit, par exemple, combien complaisantes sont les formules de l'absolu ? Est-il un culte, une idole, auxquels on ne puisse les appliquer sans effort ? et se peut-il que sur une aussi faible apparence, des esprits se croient véritablement échappés au naufrage?

Je vois tous les jours des hommes qui, ayant commencé par rejeter la Genèse, ont été conduits plus tard à rejeter les prophètes, puis les apôtres avec les évangélistes, puis les saints Pères, puis les conciles, puis l'Église, puis la suite entière de l'histoire sacrée, si bien qu'à la fin toute leur tradition s'est bornée à eux-mêmes. Mais, dans ce dénûment, ils n'ont point perdu leur assurance; ils ont rencontré dans une école de métaphysique un certain nombre de formules faciles à retenir, telles que : le non-moi se révèle dans le moi, l'infini dans le fini. Ils murmurent éternellement en eux-mêmes ces formules sacrées ; et la vertu occulte en est, en effet, si grande, qu'ils sont sincèrement convaincus, non pas seulement qu'ils sont les plus religieux de la terre, mais qu'ils sont les plus orthodoxes de la chrétienté. Non contents de le penser en secret, ils le publient hautement à la face du genre humain ; et bien plus, ils composent dans cet esprit des homélies, des instructions dogmatiques, de pieux mandements pour l'édification des néophytes. De tout ce que j'ai vu jusqu'ici, rien ne m'a causé d'abord un plus grand étonnement. Il y a aussi des somnambules qui bercent sur leur sein des pierres du cimetière, pensant que c'est là leur enfant endormi!

Au milieu du silence des écoles stupéfaites, il est assurément facile de s'écrier : « Le scepticisme et le dogme, le raisonnement et la foi vivront à l'avenir dans une paix profonde. Leur discorde n'était qu'un malentendu qui a duré quatre mille ans ; depuis hier, la paix est faite ; notre petit système en est l'éternel garant. » L'affaire est un peu plus malaisée dans la pratique. Si l'on veut dire, en effet, que, dans la tradition, il est des parties qu'aucun pyrrhonisme ne pourra renverser, qu'il est des parties qu'aucune autorité ne saura sauver, chacun l'avoue hautement. Mais qui marquera ces limites ? qui distinguera la portion périssable de l'immortelle ? qui tracera sur la carte de l'intelligence ces frontières nouvelles de la foi et de la raison ? Sera-ce l'une ? sera-ce l'autre ? Voilà le débat qui commence.

Je n'ignore pas qu'aujourd'hui la philosophie se réconcilie solennellement avec le christianisme, en ce sens qu'elle veut l'absorber dans son sein, le convertir en sa propre substance, ou plutôt l'envahir comme une partie légitime de son empire. Elle ne le nie plus, elle ne le combat plus ; elle fait pis ; elle le protège ; elle s'empare de chacun de ses dogmes pour en faire un théorème. Mais véritablement, qui sera la dupe de l'embûche ? Si le christianisme consent à se laisser transformer, changer, manier, agrandir, atténuer comme une argile ductile, au gré de la spéculation, nul doute que l'alliance puisse durer. La philosophie n'a qu'à gagner à ce traité de paix. Hier elle prenait la terre par le droit du plus fort ; aujourd'hui elle s'attribue le ciel, *parce que je m'appelle lion, quia nominor leo.*

La métaphysique de Hegel, de plus en plus maîtresse du siècle, est celle qui s'est aussi le plus vantée de cette conformité absolue de doctrine avec la religion positive. A la croire, elle n'était rien que le catéchisme transfiguré, l'identité même de la science et de la révélation évangélique, ou plutôt la Bible de l'absolu. Comme elle se donnait pour le dernier mot de la raison, il était naturel qu'elle regardât le christianisme comme la dernière expression de la foi. Après des explications si franches, si claires, si satisfaisantes, qu'a-t-on trouvé en allant au fond de cette orthodoxie ? Une tradition sans évangile, un dogme sans immortalité, un christianisme sans Christ. Est-ce bien là ce qu'attendait l'Église ?

Un jour aussi, dit la légende, on vit un pieux scolastique frapper à la porte d'un couvent des Ardennes ; il portait la barbe touffue d'un anachorète. A sa ceinture pendait la *Somme* de saint Thomas d'Aquin, qu'il murmurait chemin faisant. « Ouvrez, dit-il, j'arrive du désert. » Les portes s'ouvrent, on s'empresse autour de lui. Mais sous le froc, qui vit-on paraître ? L'éternel tentateur ; il débuta par dire : « Et moi aussi, mes frères, je suis logicien. »

En cherchant l'identité de la science et de la croyance, la philosophie de notre temps s'est posée une question qui ne peut être résolue que par une perpétuelle approximation, jamais dans la réalité. C'est ce que les mathématiciens appellent une incommensurable, avec cette différence qu'ici la moindre fraction qu'on néglige est un monde. Dans le vrai, ni la philosophie, ni la religion ne s'absorberont l'une l'autre. Elles s'alimentent mutuellement ; elles renaissent éternellement l'une de l'autre, sans jamais pouvoir ni se convertir l'une dans l'autre, ni se superposer comme des identités.

Si l'homme n'avait pour lui que le raisonnement, il tomberait, de négation en négation, dans le dernier cercle du néant. Si l'homme n'avait que la foi, il serait emporté sans retour par delà toute réalité, aux plus extrêmes limites de l'infini. Mais du conflit de ces deux forces opposées se compose le mouvement régulier de l'humanité, comme des deux forces qui se disputent chaque étoile se compose l'orbite qu'elle parcourt dans ses révolutions annuelles. Si cette guerre apparente venait à cesser, tout ordre, comme tout mouvement, serait détruit ; d'où il faut induire que ni ceux qui veulent tout ramener au raisonnement, ni ceux qui veulent tout ramener à la foi ne possèdent la vérité.

Pour que la paix fût solidement établie entre l'une et l'autre, que faudrait-il ? Deux choses : que la philosophie, dans un moment donné, absorbant chacun des principes de la religion positive, n'en renfermât pas d'autres. Or, c'est ce que le monde n'a point encore trouvé ; et quoique l'homme tende, par une approximation éternelle, vers cette unité, elle ne sera pourtant atteinte que par delà toute progression, je veux dire en Dieu même. Chez les anciens, le système des alexandrins renfermait, il est vrai, en substance, les doctrines du sacerdoce païen ; et la métaphysique s'infatuant de l'orthodoxie des temps passés, la réhabilita sous le nom d'Orphée. Mais ce paganisme prétendu touchait déjà par mille points à l'Évangile ; saint Jean y puisa sans scrupule. Plotin, Proclus, Platon avant eux, dépassaient de tous côtés l'horizon des croyances établies ; l'Aréopage le fit assez voir à leur maître Socrate. De même, aujourd'hui, la philosophie possède ou croit posséder en héritage ce qu'il y a de permanent dans l'institution du christianisme. Au lieu d'Orphée, elle réhabilite le moyen âge avec la scolastique ; ce qui ne l'empêche pas de s'ouvrir, en même temps, à des idées qui contredisent, non pas seulement la lettre de l'histoire, mais le génie même de la religion chrétienne.

Si l'on insiste pour savoir en quoi consiste cette mésintelligence. je dirai clairement que le panthéisme (1) tente aujourd'hui de se substituer en Allemagne à l'esprit de l'Évangile, et que c'est à cela que se réduit tout le débat. Jusqu'à quel point l'institution chrétienne est-elle assez souple pour que cette seconde réformation puisse s'achever sans rupture ? Le Dieu tout personnel du crucifix peut-il devenir le Dieu-Substance, sans que les peuples s'aperçoivent de ce changement, tant les gradations seront ménagées et insensibles ? Tout est contenu dans ces paroles. Le Christ, sur le calvaire de la théologie moderne, endure aujourd'hui une passion plus cruelle que la passion du Golgotha. Ni les pharisiens, ni les scribes de Jérusalem ne lui ont présenté une boisson plus amère que celle que lui versent abondamment les docteurs de nos jours. Chacun l'attire à soi par la violence ; chacun veut le recéler dans son système comme dans un sépulcre blanchi. Quelle transfiguration va-t-il subir ? Le Dieu de Jacob et de saint Paul deviendra-t-il le Dieu de Parménide, de Descartes et de son disciple Spinosa ? Nous vivons tous, à notre insu, dans l'attente de cette grande, de cette unique affaire.

Ceux qui veulent extirper le principe du chris-

---

(1) Je lis dans un journal allemand : « Les Français tombent dans le panthéisme, auquel nous avons prudemment échappé

tianisme n'y réussiront pas, car il a fondé la grandeur et l'indépendance de la personne. Ceux qui veulent rejeter la philosophie n'y parviendront pas, car elle a révélé les lois nécessaires du genre humain. L'individu et la société, l'homme et l'humanité, ces deux puissances, pour la première fois également développées, également agrandies, sont partout en présence, dans la théologie, dans la philosophie, comme dans la politique ; qui saura les accorder ?

Il n'est pas rare de trouver des gens qui demandent sur toutes ces choses une solution prompte et définitive. Je n'en connais qu'une seule de ce genre, et qui encore n'est qu'une transformation de la question : c'est la mort. Que si, au contraire, vous voulez demeurer dans la vie, il faut consentir à demeurer avec nous dans la poursuite de l'éternel problème.

Il en est qui estiment que tout le mal est contenu dans l'école de M. Hegel ou dans le livre du docteur Strauss. Si ces deux noms étaient effacés, la paix rentrerait dans le monde. Ils ne voient pas ce que j'ai cherché à établir plus haut, qu'ils ont eux-mêmes concouru à l'œuvre qu'ils renient, et que, pour renverser seulement l'école de Hegel,

par une adroite dialectique. » N'est-ce pas là voir la paille dans l'œil de son voisin, et ne pas voir dans le sien la poutre de cent coudées?

il faut détruire du même coup Descartes, puis la Réforme, puis les scolastiques et les alexandrins, et ne pas même laisser subsister Aristote. Dans cette terreur panique, où s'arrêter ? Pour sauver le présent, allons-nous destituer tout le passé ?

D'autres avertissent nettement, loyalement (1), que d'un côté est la tradition, de l'autre leur système, et qu'entre eux et le Christ il faut choisir. Mais ceux qui parlent si clairement sont les plus braves, et un petit nombre les suit sans terreur, car le monde n'est pas si hardi qu'il se vante de l'être. Il n'aime pas à brûler ses vaisseaux ni à provoquer l'abîme d'une vue si assurée ; il y veut plus de détours et de manège ; puis, le droit d'être leurré, trompé, abusé, lui semble la marque des puissants. Il n'est pas près de s'en départir.

Enfin, quelques-uns ont trouvé, chez nous, une dernière issue. Ils ont conseillé à tous les cultes, à toutes les idées, catholicisme, protestantisme, matérialisme, spiritualisme, de vivre chacun en paix à côté l'un de l'autre. Chacun reconnaîtrait les droits et la liberté individuelle de son voisin, comme dans un État constitutionnel sagement pondéré. On se défendrait de toute ambition, de tout empiétement, de tout mouvement hors de ses foyers.

(1) Une partie de l'école de Hegel. Les travaux par lesquels M. Reynaud et Leroux transforment chez nous la tradition du dix-huitième siècle sont de ceux qui devraient le plus attirer l'attention de cette école.

13.

La foi et le doute, se respectant profondément l'un l'autre, s'assureraient par une simple alliance contre tout projet d'usurpation. Cet accord est sans doute fort louable ; il est fâcheux que ce soit la sagesse des morts.

Si l'homme, en effet, avait perdu l'espoir d'influer sur l'intelligence de l'homme ; si, rompant toute société de pensée, nous étions arrivés à ce point de nous être fait à chacun de nous un cœur de pierre, où rien ne pourrait pénétrer du cœur d'autrui ; si, gonflés de nous-mêmes, nous nous étions bâti par avance notre petit système, avec la ferme volonté d'y passer l'éternité, sans y rien laisser s'insinuer des idées, des sentiments, des doctrines, des affections de nos frères, ce ne seraient pas seulement la religion et la philosophie qui serait dans le sépulcre, mais bien l'âme humaine affamée et murée dans la tour d'Ugolin. Loin de nous cette pacification du tombeau ! nous aimons mieux la guerre.

Au lieu de nous atténuer les uns par les autres, il s'agit donc plutôt de nous attirer les uns vers les autres, de penser, de lutter, d'être en commun, c'est-à-dire d'être le plus possible. La Réforme fait parler d'elle. Que le Catholicisme, à son tour, ne se tienne pas dans le silence. Lorsque tant d'ennemis, tant de sectes contraires surgissent autour de lui, ce n'est pas le moment du silence.

mais celui du combat. Les barbares affluent de tous les côtés de l'horizon, avec des dieux étranges ; ils sont près d'investir la Rome sacerdotale. Comme autrefois Léon au-devant d'Attila, il est temps que la papauté sorte vêtue de sa pourpre, et renvoie d'un geste, si elle le peut, cette nuée de destructeurs jusque dans le désert moral où ils font leur demeure. Quant à la philosophie, il ne sert de rien qu'elle nous dissimule, sous une fausse quiétude, le péril des questions ; à la fin le rideau se déchire, et l'on se trouve sans défense dans le désespoir. Au contraire, de la collision des écoles et des cultes opposés jaillit l'éclair de bon augure. Que chacun donc plaide sans se lasser pour sa foi ! L'humanité est le juge dans l'aéropage ; peu à peu le Dieu de tous apparaît sur l'autel inconnu.

Ne voyons-nous pas qu'un instinct naturel pousse les peuples douteurs à se rapprocher non pas seulement par la communication des corps, mais par la lutte et l'étreinte des esprits ? Quand l'aigle des Alpes quitte ses petits pour aller chercher au loin leur nourriture, ceux-ci, au lieu de se tenir séparés, se réchauffent mutuellement de leur duvet, et, luttant entre eux, ils se raniment jusqu'à ce qu'ils reçoivent leur pâture. Ainsi, les peuples, aujourd'hui privés de Dieu, s'efforcent de se pénétrer, de se connaître, de se réchauffer intimement les uns les autres ; ils sentent qu'en l'absence du père commun, s'ils restaient divisés, le froid arriverait jusqu'à l'âme ; c'est leur cœur même qui périrait. L'Éternel, en reparaissant au milieu d'eux, ne pourrait pas ranimer ces morts sous son aile.

L'humanité, il est vrai, pourrait trancher toutes ces difficultés en s'adorant elle-même. Assez de gens l'y convient ; chaque jour elle y incline davantage. Placé au plus haut degré de l'échelle des êtres terrestres, comme sur un trône inaccessible, le genre humain, ce prétendu roi de la nature, est à son tour, comme Saül, saisi de vertige. Toutes les créatures visibles lui forment son cortège ; ce qui n'est pas son courtisan est son esclave. Dans cette perpétuelle ivresse, comment ne s'écrierait-il pas : Je sens que je deviens Dieu ?

Il le dit, en effet, par mille bouches dorées. Mais, malgré tout ce concert, ses titres sont encore en litige, et, pour moi, j'hésite à courber les genoux devant lui. Car, enfin, il fut un temps où l'homme manquait au monde ; et le monde, sans s'apercevoir de ce dénûment, poursuivait tranquillement sa carrière. Si c'est par droit d'ancienneté que l'homme se croit l'Éternel, le roseau est ici depuis plus longtemps que lui. Si c'est par le nombre, le sable de la mer a là-dessus l'avantage. Si c'est par droit de possession, le ver de terre lui conteste l'empire. Si c'est par le droit du plus fort, l'heure présente lui appartient en effet. Mais, comme il a détrôné, par son avénement, le roseau, le reptile, et je ne sais combien d'autres monarques qui, avant lui, ont régné légitimement et en maîtres absolus sur ce globe, qui m'assurera que le sceptre ne lui sera pas enlevé à son tour par une de ces révolutions de palais dont l'univers a déjà fourni tant d'exemples ? Reste donc la pensée seulement pour s'en glorifier ? Je l'avoue. Or, qui me répondra que nul, dans un coin égaré de l'infini, ne la possède plus que lui, ni à de meilleures marques ? Ainsi je vis, et j'attends pour l'adorer que le succès l'absolve, et que la mort, décidant tout, le confonde ou le couronne à mes yeux.

Si, parmi mes lecteurs, il en est qui, dans ce spectacle des agitations religieuses de leur temps, ne voient qu'une image de ruine ; surtout s'il en est auxquels les pages précédentes aient causé, malgré moi, une de ces douleurs qui sont sacrées pour tous, je leur rappellerai qu'un jour aussi les disciples, ayant vu leur maître descendu dans le sépulcre, se prirent à douter et à désespérer de l'avenir. Ils ne savaient que pleurer en secret. Ce qu'ils avaient attendu n'étant pas arrivé, ils étaient tout près de ne plus croire à aucune chose. Ils se disaient les uns aux autres : « Celui que nous avons connu n'était pas le fils de Dieu, car il est mort sur la croix. » Ils disaient encore : « Qui soulèvera pour nous la pierre de son sépulcre ? nous ne sommes pas assez forts pour l'entreprendre. » Mais quelques-uns d'entre eux, s'étant approchés du Calvaire, aperçurent leur maître dans toute la splendeur des cieux, et ils se réjouirent en commun jusqu'à la fin des temps.

De même aujourd'hui le monde entier est le grand sépulcre où toutes les croyances, comme toutes les espérances, semblent pour jamais ensevelies ; le sceau du doute y a été apposé par une main invisible ; et nous nous demandons les uns aux autres, saisis de crainte, qui soulèvera la pierre de ce tombeau. Il en est un grand nombre d'entre nous qui pleurent en secret, et qui n'ont plus de confiance dans ce qu'ils ont le plus aimé. Mais cette pierre qui nous opprime tous sera, à la fin, brisée, fût-elle plus pesante mille fois que tous les mondes ensemble. Du sein de nos ténèbres, le Dieu éternellement ancien, éternellement nouveau, renaîtra vêtu d'une lumière plus vive que celle du Thabor. C'est là au moins la foi de celui qui a écrit ces lignes.

# LETTRE SUR KANT

(LA RELIGION DANS LES LIMITES DE LA RAISON)

# LETTRE SUR KANT

Ce n'est pas à moi, monsieur, qu'il appartiendrait d'écrire un préambule à un traité de Kant, supposé que cette préparation fût nécessaire, et que le temps me permît de l'essayer. Quel serait mon droit, si ce n'est de vous avoir encouragé à traduire et peut-être aidé à publier ce monument de l'histoire de la Philosophie dans ses rapports avec la Religion ? Heureusement, de tous les ouvrages de votre auteur, il n'en est pas dont la forme soit plus élémentaire ni le but plus visible. Peu de mots, puisque vous me contraignez de les écrire, devraient suffire pour en marquer le lien avec ce qui l'a précédé et suivi.

Dans un examen sans doute trop rapide de la théologie allemande, cet ouvrage m'avait paru marquer le point précis où les doctrines du dix-huitième siècle ont commencé à se transformer sous l'influence morale du protestantisme du Nord (1);

(1) *Sur la vie de Jésus-Christ*, par le docteur Strauss.

un examen plus attentif m'a confirmé dans cette idée. Le drame de la croyance et de la science, lequel a débuté d'une manière si saisissante dans notre Pascal, se dénoue ici paisiblement dans un égal mélange de scepticisme et d'idéalité. On y voit poindre surtout ce système d'interprétation figurée qui, s'étendant de plus en plus, semble aujourd'hui insinuer un esprit nouveau dans la lettre de la révélation. Tandis que la France, sortie de l'enceinte de la tradition, niait ouvertement le christianisme par l'organe des encyclopédistes, l'Allemagne arrivait au même but, changeant, modifiant, transformant le dogme de manière à y substituer un théorème moral. Dans notre pays, la philosophie procédait avec un esprit de révolution, elle luttait à découvert. De l'autre côté du Rhin, elle pénétrait, s'insinuait jusque dans le sanctuaire ; enfin elle s'assit sans tumulte à la place du prêtre. Le Dieu même s'était évanoui que rien encore ne semblait changé.

En effet, lorsque aidé du double scepticisme de l'Angleterre et de la France, Kant eut pénétré dans l'abîme avec plus de méthode que l'une et l'autre, et qu'il eut mis en doute tout ce que l'on avait cru incontestable, il aboutit par hasard à une découverte devant laquelle il s'arrêta : le sentiment moral qui était comme le génie intime de la race d'hommes à laquelle il appartenait, la conscience, la loi du devoir, divinité nouvelle qu'il ne peut se décider à détruire, et qu'il va ériger à la place de toutes les autres. Avec cette seule idée qu'il a laissée debout parmi tant de ruines, il relève, il reconstruit, il réforme le monde social et divin, à l'instant même où il semblait l'avoir aboli. Quelque jugement que l'on porte sur cette méthode et sur ses expériences héroïques dans lesquelles on pourrait bien finir par tout perdre, ce n'est pas assurément un petit spectacle de voir l'homme se dépouillant ainsi lui-même de chaque vérité comme d'un leurre, accumulant toutes les chances contre lui, ne gardant qu'une seule et dernière certitude, non pas même celle de l'existence de la matière, mais l'assurance la plus dure, la plus pesante, la plus désintéressée, celle du devoir, puis mettant toute sa destinée sur cette dernière carte, et gagnant la partie sur cet enjeu.

Si tel est, en général, le caractère de la philosophie de Kant, il ne paraît nulle part, je crois, plus visiblement que dans son ouvrage sur la religion. Car, dès les premiers mots du livre, vous mesurez tous les ravages du scepticisme, l'homme sans Dieu, aux prises avec lui-même, dans un combat sans but entre le bien et le mal; puis de cette lutte jaillit l'idée du devoir; puis à cette pensée, le Dieu éclate, la vie se rallume; le christianisme, qui n'était plus qu'une forme morte, se nourrit de cette lumière nouvelle ; il revit transfiguré par l'éclat spirituel de la philosophie. Dans cette renaissance, la société des peuples devient elle-même l'Église universelle de ce catholicisme réparé. Association, religion de la vertu, république morale, nouveau contrat social qui, pour souverain, n'admet que la raison. Où est l'humanité, là est la cité de Dieu.

Sur ce faîte de la philosophie de Kant, on respire, en quelque sorte, l'orgueil d'une bonne conscience. Mais en se privant de tout autre appui que d'elle-même, l'âme humaine s'était d'avance condamnée à ne pouvoir demeurer longtemps dans ce stoïcisme chrétien. Pour descendre précipitamment de ces hauteurs, il y avait deux voies : l'une, le panthéisme spiritualiste, qui érige la fatalité à la place de la providence; l'autre, le panthéisme matérialiste, qui aboutit à la doctrine des intérêts. Épuisé par l'héroïsme d'un moment, l'homme moderne, se partageant, s'est précipité par ces deux chemins; c'est là qu'il s'agite aujourd'hui, divisé d'avec lui-même, mécontent de sa dernière épreuve, et n'osant affirmer, d'une manière délibérée, ni que ce soit une chute, ni que ce soit un avancement.

Il est vrai que, par un étrange renversement, le Dieu de Kant, au lieu d'être le principe, la source de vie, n'était au contraire que la conséquence, le corollaire et le terme des choses ; que par là il détruisait l'idée de religion, de révélation spontanée, pour ne laisser subsister effectivement que celle de philosophie ; d'où l'impossibilité de conserver aux dogmes leur valeur métaphysique, leur place dans l'histoire, ni de saisir le lien des cultes au sein du culte éternel ; mais, au contraire, souvent un appât jeté à l'indifférence pour convertir en maximes superficielles le plus pur, le plus mystérieux de la substance des peuples. Le monde pouvait-il se contenter à jamais d'une doctrine qui sanctifiait l'avenir en anathématisant presque tout le passé ?

Quoi qu'il en soit, si la philosophie n'a pu rester sur cette pente trop roide, si l'homme en fondant tout sur sa vertu avait trop bien préjugé de lui-même, il est bon de reporter nos yeux vers cette cité morale, perdue avant d'avoir été bâtie. Peut-être un jour se relèvera-t-elle sur un autre fondement. Dans tous les cas, plus d'un cœur, n'en doutez pas, se retrempera dans l'austérité de ses lois ; et chacun estimera qu'il est surtout convenable de proclamer la souveraineté du devoir, dans les temps où il n'est rien qui ne prétende l'emporter sur elle.

Paris, ce 18 août 1841.

DE

# L'ORIGINE DES DIEUX

(1828)

# DE
# L'ORIGINE DES DIEUX

## I

#### COMMENT SE FORMENT LES DIEUX.

L'homme n'est ni le maître ni l'esclave de la nature ; il en est l'interprète et la parole vivante. Tous deux ceints du bandeau de l'infini, leur lutte apparente cache une intimité fraternelle ; ce que l'une déguise sous un obscur emblème, l'autre l'éclaire au jour de l'activité libre. L'homme achève l'univers, et donne une voix à la création muette. Le secret qu'elle cache aux entrailles du globe, il le proclame à travers les siècles.

De là l'idée cosmogonique qui, sans se savoir elle-même, se cristallise avec le règne inorganique, rampe avec le cryptogame, court avec les fleuves, gravite avec les cieux, venant à se connaître, s'apparaît à elle-même sous la figure du monde civil. Dans son mouvement lyrique et ascendant, tant que la pensée qui soutient l'univers oscille de mondes en mondes, de la nuit au jour, de la vie à la mort, le moment qui précède n'a point conscience du moment qui le suit. Ni le rocher ne connaît le chêne qui l'ombrage, ni le chêne l'aigle que ses branches balancent, ni l'aigle le Jupiter dont il est l'envoyé.

Faisons un pas de plus. Admettons que le flot de la création, en refluant sur lui-même, roule comme dans l'univers physique des harmonies, un firmament et des sphères, mais des harmonies qui s'écoutent, un firmament qui se contemple et des sphères qui prédisent leur chute, la pensée de la création aura accompli son cours. Or, ce monde a existé ; nous en voyons la suite : on l'appelle l'histoire, c'est-à-dire le miroir de l'âme universelle dans le temps et l'action.

L'histoire est la conscience de l'univers ou l'organe par lequel il se révèle à son auteur. Celui qui dans une pensée découvre toutes les pensées, dans un être tous les êtres, aperçoit le réel par l'idéal, et contemple la nature par l'humanité.

Une civilisation est une pensée de l'âme du monde, où la gloire du conquérant, le chant du poète, les souvenirs des générations, l'instinct naissant de la fleur, la voix inarticulée du fleuve, l'harmonie silencieuse du règne inorganique, mêlés, confondus, s'expliquant, s'achevant l'un par l'autre, ne forment plus qu'une idée, qu'une vie, qu'une parole prononcée dans l'infini. Quand le temps aura développé sous des formes analogues tout ce que l'espace renferme, quand le monde de la réflexion aura reproduit le monde entier de la spontanéité, et qu'à chaque fait nécessaire répondra un fait de liberté, le sens de l'univers sera accompli : l'absolu se connaîtra lui-même.

Avant que l'humanité se fût élevée jusqu'à se composer à elle-même une destinée originale, elle ne savait que répéter l'harmonie de l'univers; elle copiait en esclave le tableau que le monde visible déroulait autour d'elle. Soit qu'elle ne hasarde ses premiers pas que sur l'avertissement des météores, soit qu'elle se modèle sur les périodes de la création et se règle sur le mouvement des sphères, sa législation est alors si bien confondue avec celle du firmament, qu'il semble qu'on poursuive un rêve de poésie, quand on décrit les premières époques du monde civil. Là des cités se font l'image de l'astre qu'elles adorent. Ecbatane se ceint comme d'une écharpe de ses sept murailles où resplendissent les couleurs de l'arc-en-ciel. Ici les fêtes et les danses nationales se disposent sur l'arrangement des cieux; les familles et les tribus se partagent, pour représenter les diverses saisons de l'année dans son cours (1).

(1) *Bhagavadan*. *Zend-Avesta* de Kleuker ; Hésiode ; Plutarque,

Le songe de l'immortalité est la première pensée qui agite l'humanité au berceau. Tant que rien ne s'arme contre sa foi, elle vit paisible et ignorée de l'univers. On ne sait où elle est, ni ce qu'elle est. A peine la force veut la maîtriser, elle sort de son sommeil, majestueuse et triomphante, et porte au bout du monde son culte menacé. Alors commence pour elle dans les vallées du Taurus et dans l'Iran ce solennel pèlerinage qui ne doit s'arrêter que sur le seuil de l'infini.

L'univers naissant réfléchit l'image de la société naissante dans les flots de l'Oxus et du golfe Érythrée; les cigognes de la vallée du Nil l'appellent près de Memphis; les forêts hyperboréennes courbent leurs rameaux de givre sur le dieu de Ceylan et de Java. Fécondée par la lutte, l'unité religieuse se divise, se multiplie et rayonne en tous sens. Sa force encore native se projette presque simultanément du mont Mérou à l'Albordi des Perses, à l'Olympe des Archéens, au Caucase des Scandinaves.

Entre l'histoire et la nature s'étend ainsi par la mythologie le lien merveilleux qui les unit. A tra-

---

*de Osiride et Iside;* Hérodot. lib. I et II, edid. Creuzer et Bæhr. Comparez : Vossius, *de Origine idolatriæ;* Rhode, *Ueber die Bactrianer und Meder;* Buttmann, *Ueber die œlteste Myth.;* Herrmann, *Dissertationes;* Kanne, *Mythologie der Griechen*, S. xxiv; Welcker's, *Trilogie;* Ritter's, *Erdkund;* Geier, *Geschichte von Schweden*, S. 340.

vers ce chaos fantastique se dévoile un développement plus régulier que dans la synthèse des langues, plus nécessaire que dans les cristallisations du globe. La mythologie forme à elle seule un tout complet, un monde achevé. Éternellement flottante entre la nature et l'histoire, elle unit le repos de l'une à la mobilité de l'autre. Des rives du Gange jusqu'aux grèves de l'Islande, une fable unique étend ses voiles d'or sur les berceaux des peuples.

Pendant que les corps politiques épuisent toutes les combinaisons et que langues, lois, institutions, varient incessamment, la tradition fabuleuse survit à la chute des États, sans en être ébranlée, ni presque modifiée. Fidèle à son origine orientale, au milieu des vicissitudes des migrations, des invasions, seule, l'idée religieuse résiste au changement. N'est-il pas étrange que le règne de l'impossible, du merveilleux, de l'idéal, soit incomparablement moins varié parmi les peuples que celui de la réflexion et du réel, et que les dieux vivent plus que les empires?

Ce qui dans l'homme s'appelle sensation, spontanéité, réflexion, apparaît dans le sein de Dieu sous le nom de nature, de mythologie, d'histoire. Ces trois termes forment entre eux les trois phases de la psychologie universelle.

Avant de se résumer dans le monde civil, la

création se cherche et s'apparaît confuse sous le bandeau des théologies symboliques. La nature contient toute la mythologie, comme la mythologie contient toute l'histoire. Chacune aspire à s'élever au degré qui la suit. C'est la logique éternelle de l'univers et la triple révélation dont les religions primitives ont eu le vague pressentiment. La suite entière du monde civil n'est qu'une suite de symboles que l'Éternel évoque de son sein, comme l'âme de l'humanité se peint tout idéale dans sa Psyché de Thespie et son Prométhée de Samothrace.

Il faut dire, à la louange du genre humain, que la conquête qui a asservi les races n'a jamais asservi les dieux. Quand l'homme s'est résigné à déchoir sous un autre, son orgueil a été de conserver à ses idoles le rang suprême. Il savait que ces idoles étaient plus nobles que lui-même. L'invasion et la force ont fait des parias, des castes, des périœques, des ilotes, des esclaves, des serfs; elles n'ont pas fait déchoir une seule pensée. En vain les peuples ont été séparés de leurs maîtres par un profond abîme; jamais cette différence n'a été réfléchie dans leurs cultes; les dieux sont restés égaux quand les nations étaient esclaves. L'obstination a été telle dans tout le genre humain, que des conquêtes qui détruisaient les États ne faisaient qu'accroître le cercle des religions; ce qui était guerre, destruction, renversement dans le monde réel, apparaissait dans le monde idéal sous la forme d'alliance, de paix, d'unité éternelle. L'Achéen courbé sur la glèbe dans les champs de Sparte unissait par des liens de parenté son Poseidon à l'Apollon des Doriens qui l'avait asservi. L'Étrusque, chassé de son antique cité, léguait ses dieux à Rome, et pour monument de sa ruine, la fraternité du Janus de Vellètres et du Saturne du Latium.

Souvent le renversement d'un empire ne sert qu'à faire éclater la vertu intérieure de ses dieux. Affranchis des bornes de la cité, ils semblent revivre le jour même où l'État est en ruine. Depuis longtemps l'empire des Pharaons était détruit, quand le vieil Osiris, tout à coup renaissant du tombeau, soumit à ses mystères la Grèce et l'Italie. A mesure que la Perse déclina, son Mithra commença de régner; et quand la chute politique fut complète, l'idole de l'Iran triompha depuis la Bactriane jusque dans la Germanie. Enfin, l'Orient tout entier, vaincu et expirant, concentre sa pensée dans la foi de Jérusalem. Jérusalem, près de sa fin, éclate dans la parole du Christ. Lui-même il faut qu'il meure, comme l'Égypte et la Chaldée, pour que le génie de tout le passé, les mystères des prêtres du Gange, le verbe étincelant de Zoroastre, la sagesse de Thèbes, la tristesse de Palmyre, sortis avec lui du sépulcre, se transmettent en son nom à toutes les générations futures.

Si, dans chaque époque, la mythologie est une, semblable à elle-même, partout aussi elle est perfectible et progressive. Non seulement chaque anneau de cette chaîne merveilleuse se transforme avec le temps, le corps entier des fables a un mouvement ascendant et réglé. Soit que le principe religieux enlace tout l'univers visible ou qu'il réfléchisse les conceptions des nations primitives, ou qu'il dévoile à l'âme son secret qu'elle ignore, si je le considère dans sa forme, il vit, il respire, il s'accroît à la manière des êtres organisés. Immobile et recueilli au fond de l'Inde, comme le règne végétal dont il emprunte ses symboles, il se purifie au feu sacré des nations Zends; puis, s'alliant à la vie organique, il rampe avec le serpent des peuples sémitiques, s'enfuit avec la gazelle des Araméens, règne au désert avec les lions de Persépolis; de là, essayant par degrés un type supérieur, il unit l'épervier d'Héliopolis, le canope de Méroë, le dragon de Chio à une première ébauche de la figure humaine. Puis enfin, affranchi de ces grossiers liens, et se créant à lui-même un type idéal d'humanité, il resplendit sur le front de Jupiter, il rit dans la ceinture de Vénus Aphrodite, ou respire la victoire sur les lèvres d'Apollon.

Or, ce développement dans la forme répond à

une progression interne dans l'esprit des religions. Chaque système de croyances, de fables, de légendes, comprend des éléments empruntés à la nature et à l'histoire ; mais les rapports sont différents, et ce qui domine dans une période, s'évanouit par degrés, au point de ne plus apparaître qu'en germe dans celle qui la suit.

La nature remplit tout dans les cultes de l'Orient. Vainement les époques, les générations se succèdent, les dieux restent immuables, comme l'univers physique. Si l'on aperçoit quelques personnifications de l'humanité, elles sont presque méconnaissables.

Avec la mythologie grecque apparaît un développement plus complet. Des éléments jusque-là contenus ou cachés éclatent au jour ; d'autres sont affaiblis ou effacés. Le génie mythologique s'associe peu à peu à la vie de l'humanité ; il réfléchit cette nouvelle création, il s'ébranle avec elle. Il suit sur les vagues les colonies errantes, enchaîne les tribus aux tribus, flotte sur les villes naissantes, s'attache au tissu de la parole. Associé à l'homme, il devient inconstant, contradictoire, inexplicable comme lui. L'orage qui agite le genre humain émeut enfin les Dieux.

Ce n'est plus le cours immuable des astres des Chaldéens ou des fleuves sacrés de l'Inde. Le Dieu grec s'égare sur les pas des Doriens ou des Pélasges, brisant et reprenant cent fois son œuvre toujours inachevée. Que sera-ce lorsque du sein des races, il descendra dans la conscience individuelle ? Alors sa carrière sera accomplie. L'œuvre des peuples voilera l'œuvre de l'univers. De même que dans la période précédente, l'élément cosmogonique absorbait l'élément humain, de même dans la période nouvelle, l'histoire, paraissant à la surface, déguisera la représentation des forces de la nature.

Nul ne conteste que l'Orient ne personnifie l'univers sous ses fables ; mais beaucoup de gens ne veulent reconnaître que l'homme dans les dieux de la Grèce. C'est là, en effet, leur apparence. Il faut une profonde intimité avec eux pour retrouver chez eux quelque reste de la grande âme du monde.

On demande si l'humanité a commencé par le polythéisme ou le monothéisme. Elle n'a pu débuter ni par l'un ni par l'autre. L'idée d'unité et celle de variété n'eurent pas d'expression dans cette première intuition de l'univers. Vaste et confus, le caractère de cette intuition fut de contenir à la fois l'unité dans la variété, la variété dans l'unité. De là, le panthéisme apparaît à l'origine comme la forme première, d'où sortiront plus tard toutes les personnalités divines. Les tribus, en se rencontrant, se communiquent leurs dieux ;

elles forment des alliances entre des symboles don chacun est l'infini.

Un peuple isolé dans le désert, ennemi de tous les autres, pouvait seul manifester Jehovah dans son éternelle solitude. Au contraire, plus les mouvements d'une race ont été répétés, plus ses migrations ont été longues, plus ses rapports avec des nations étrangères ont été fréquents, plus aussi s'agrandit le cercle de ses religions. Une race s'assimile dans son cours les dieux d'une autre race plus encore que sa langue. Tant que les peuples Zends se confondent avec les Indous sur les plateaux de l'Asie centrale, la pensée religieuse des uns et des autres forme un tout immuable. A mesure que les nations se partagent, les unes errant sur les bords de l'Iaxarte jusqu'aux plaines de la Bactriane et au pied du Caucase, les autres dans la vallée de l'Himalaya jusqu'aux îles de la mer des Indes, la nature, le caractère de leurs dieux se prononcent de plus en plus. Les premières font éclater l'idée de dualité, qui, trouvant son écho chez les Germains, les Celtes, se répand avec eux jusqu'aux sources du Danube et aux forêts druidiques des Gaules. D'une autre part, le panthéisme du Gange enlace la Chaldée, s'unit à l'Égypte par le rameau de la Phénicie, et vient s'épanouir dans le polythéisme grec.

L'Olympe hellénique est ainsi le reflet de l'existence universelle développée dans l'Antiquité ; il résume à la fois la nature et l'histoire, les éléments, les astres, les empires détruits. Il faut qu'il porte en lui tous les caractères dont chaque culte précédent n'a possédé qu'un seul : mystérieux et indéfini comme le brahmanisme du Gange, enthousiaste et resplendissant comme les Izeds de l'Iran, voluptueux comme l'Aphrodite de Phénicie, vêtu de deuil comme l'Isis de l'Égypte, sévère autant que le Bouddha de la Colchide, effréné autant que le Shamanisme des Cimmériens.

Ajoutez les oppositions formées par tant de peuplades diverses, le culte planétaire des Pélasges, la profondeur mystique de l'Apollon Dorien, le Poseidon des Achéens, le Jupiter des Hellènes, le polythéisme grec aura la double variété de l'univers cosmogonique et historique. Ses dieux se partagent, se cherchent, s'élèvent, s'abaissent, ainsi que les chaînes de montagnes, qui divisent et rapprochent les tribus. Les uns, comme Apollon, suivent le mont Ossa et la vallée du Pénée; d'autres, sur les pas de Dyonisus, gravissent l'Hélicon et le Pinde. Tous vont se réunir, par des chemins divers, sur les hauteurs centrales de l'Olympe, d'où leurs regards cherchent les cimes délaissées du Caucase et du Taurus.

La mythologie est donc le symbole de la vie universelle ; ce symbole réfléchit, personnifie e l'éternité et le temps, et la nature et l'homme. Mais comment ces éléments divers s'ordonnent-ils dans le vaste sein des Dieux ? leur règne, est-ce comme le nôtre, celui de la contradiction, de la lutte, de la douleur ? Question fondamentale qui éclaire toutes les autres.

Quand une race se forme et s'ébranle, à mesure qu'elle s'élève à la conscience d'elle-même, elle la résume dans une unité fabuleuse qui se meut et grandit avec sa propre destinée. Le sentiment de sa personnalité croissante se montre à elle comme une force extérieure qu'elle adore à l'égal de toutes les autres. En voyant derrière elle les traces de ses pères, elle se prosterne devant son propre passé ; elle le reconstruit avidement ; elle s'en fait une idole qu'elle enrichit de chaque conquête du présent. Si d'abord elle a consacré un culte à l'harmonie de l'univers, elle en consacre un second à l'harmonie de son histoire; l'orbite qu'elle a parcouru dans le sein de l'humanité lui apparaît aussi sainte que l'orbite de ses dieux dans l'infini du firmament.

Après que la vie organique, sommeillant dans les entrailles du globe, dans les abîmes des mers, dans les merveilles de la végétation, a été divinisée, la vie de chaque nation commence à se personnifier aussi dans des symboles religieux. Marquée du sceau caché de la Providence, toute nation se

devient à elle-même un objet d'étonnement et
d'adoration. Ses migrations, ses conquêtes, ou plutôt la pensée qu'elle accomplit dans le monde, se
concentre dans un être divin où toutes les générations sont représentées. Chaque vicissitude nouvelle de gloire ou de déclin développe dans la fable
une nouvelle fable. L'idéal s'accroît avec le réel ;
le dieu avec le peuple. Et comme pour base commune à toutes les religions, on trouve l'infini sanctifié dans l'*espace* et la *durée*, une seconde formation des croyances signale l'apothéose de la force
divine dans le *temps* et dans l'*histoire*.

Or, voici la pensée qui couronne l'édifice des religions. Ces deux époques dans la formation des
dieux, au lieu de s'exclure l'une l'autre, se pénètrent et se confondent. Les héros des théogonies
conservent tous un double aspect. D'abord formée
du tissu de l'univers, la trame de leurs jours se
recouvre des fils ondoyants des traditions humaines. Les œuvres de la création et les actes des peuples s'enchaînent, s'absorbent mutuellement dans
leur immortelle essence. Et le mouvement des
mondes, et le bruit des éléments, et l'île naissante,
et la destinée des races d'hommes, leurs longs
travaux, leur inquiet génie, tout cela se résume
dans la vie d'un seul être qui n'a dans la langue
du monde antique qu'un signe, une valeur, un
nom.

En même temps que le triple dieu des Indiens représente les phases diverses de la création, il réfléchit l'image des trois races primitives dont les luttes remplissent tout l'Orient, et qui retentit encore vaguement dans le monde hellénique d'Uranus, de Saturne et de Zeus. Si le Dyonisus grec est le symbole de l'âme du monde, dans sa course mystérieuse, tantôt couvert d'une peau de panthère, tantôt du manteau traînant de l'Ionie, il résume aussi en lui-même les migrations du genre humain des plateaux de la Bactriane sur les rivages de la Méditerranée. Dschemschid, l'image de l'année, qui se meut avec le soleil à travers les saisons, réfléchit en lui la figure et les travaux de la race persane. Ainsi, partout où je regarde, les religions antiques n'expriment rien autre chose que la similitude, et je voudrais presque dire, l'identité idéale de la nature et de l'histoire.

## II

COMMENT LES DIEUX SE TRANSFORMENT EN POÉSIE.

Pour atteindre à la poésie héroïque des peuples, il faut remonter à leur plus lointaine origine et les saisir dans le germe. De même, pour contempler la poésie épique de la nature, il faut soulever le voile extérieur qui en couvre la surface et l'agite au moindre souffle. Au dehors elle ne montre que sa pensée mobile, personnelle, lyrique. Ses scènes se succèdent sans s'accroître ; l'astre s'écoule comme l'onde, sans laisser après lui une trace vivante qui s'augmente avec les cieux. Également privée de passé et d'avenir, la plante se succède éternellement à elle-même. A la surface de la terre, enchaînées l'une à l'autre, les Heures se balancent sans s'unir, ni se perpétuer. Mais de la même manière que dans l'humanité, le génie spontané de l'ode repose sur les fondements de l'épopée, ce monde toujours renaissant, qui vit dans le règne végétal, dans les flots, les météores, qui se joue avec la lumière et avec les formes des animaux, est l'ornement extérieur d'un monde traditionnel, qui s'accroît en silence.

Pendant qu'au dehors chaque souffle de vie se consume avec les individus, au dedans l'esprit des mondes a lentement marqué les époques de son histoire dans la formation géologique du globe. L'un après l'autre, les siècles se sont construit dans le roc leur tombeau éternel; ils se sont endormis sans périr dans leurs couches de granit, de porphyre, de marbre et d'argile.

Dans l'histoire humaine, le mouvement des migrations est marqué par les pyramides des Égyptiens, par les tertres des Huns et des Germains, par les inscriptions de la voie Appienne, par les dolmens des Celtes. Si les annales civiles se sont inscrites dans une suite de formations artificielles, dans le Ramayana des Indiens, dans le Shanameh des Persans, dans l'Homère des tribus grecques, dans les Nibelungen du Nord, dans le cycle du saint Graal des peuples gallo-romains, de même, les périodes des annales de l'univers se sont cristallisées dans une série analogue de superpositions géologiques.

Tel est le premier degré dans le développement universel de l'idée épique. De cette beauté privée de vie, l'idée s'élève avec l'humanité à une beauté pensive et réfléchie. Ce ne sera point encore le poème à qui le langage, le chant donnent une organisation complète, le dieu vivant de l'histoire qui se meut et s'enfante lui-même dans le miracle de la poésie articulée. Ce sera un intermédiaire entre la pensée mystérieuse de la nature inorganique et le jour éclatant des monuments traditionnels de la parole humaine.

Ce premier art participera à la fois dans sa forme et de la régularité des couches du globe et du mouvement des annales civiles. Le bloc de porphyre qui marque l'âge inconnu de l'univers prendra le caractère et la figure d'un âge du genre humain. Ou le rocher s'amoncellera avec sa forme naturelle dans les temples des Indiens et des Araméens, comme le génie même de l'Orient, ou il se partagera par colonnes, ainsi que la pensée divisée de la Grèce, ou il se groupera par faisceaux dans le pilier gothique, comme les siècles et les civilisations écoulées se pressent et s'unissent dans la conscience du moyen âge. Le poème immobile des montagnes devient un poème héréditaire, qui s'accroît avec les peuples. Depuis qu'il est démontré que des temples de Thèbes jusqu'à la cathédrale gothique il n'y a qu'une modification continuelle d'une forme primitive, l'architecture est relevée jusqu'à l'idée d'épopée silencieuse de l'humanité.

Art impersonnel, ses monuments ne s'achèvent que par l'œuvre successive des générations. Souvent ce qui a été commencé avec une idée s'achève avec une autre. De même que dans le poème héroïque on distingue les différents dépôts des âges, ou un dogme sacerdotal qui s'est changé en une fable historique, ou le polythéisme qui, sans se détruire, s'est voilé sous un élément chrétien, on reconnaît dans les couches et les stratifications diverses des masses architecturales l'œuvre et la main de tous les temps précédents.

Aussi, dans les grandes époques d'art, ne sait-on à qui rapporter l'idée et la gloire de ces monuments. Formés du génie de tous, ils ne sont en réalité la propriété d'aucun. La puissance personnelle trouve si peu à s'y exercer, qu'ils ne sont dans un même siècle qu'autant d'exemplaires différents d'un même type. Marqués d'un caractère de nécessité, que ne reproduit à ce degré aucun autre ouvrage d'art, si l'on peut en nommer les auteurs, ce sont presque toujours comme des familles de Rhapsodes, qui se transmettent et achèvent l'un après l'autre une tradition de génie.

Les constructeurs des temples de Delphes, de Mantinée, Agamèdes, Trophonius, sont évidemment des générations personnifiées aussi bien qu'Orphée et Linus. Plus près de nous les cathédrales gothiques nous laissent voir de père en fils une généalogie entière d'hommes et d'idées, confondus dans un unique monument. Depuis Constantin jusqu'à Léon X, il a fallu onze siècles au catholicisme pour élaborer le plan de son édifice ; et quand Alberti, Bramante, Raphaël, Michel-Ange, eurent mis l'un après l'autre la main à Saint-Pierre de Rome, l'œuvre resta encore inachevée.

Ajoutons, comme dernier caractère, que, seul de tous, cet art possède déjà sa complète beauté dans les âges épiques de l'humanité. S'il est pareil au poème héroïque dans son essence, il lui ressemble encore plus par l'époque de son apparition dans le temps. L'architecture est l'expression réelle, le génie personnifié de l'Orient. Non seulement cet art s'y est montré dans toute sa puissance, mais il s'y est montré seul, tous les autres lui étant restés subordonnés. Le même caractère d'immensité, de repos, d'éternité, d'infini, qui marque les civilisations de l'Inde et de l'Égypte antique, est éternellement déposé dans la pensée de l'art qu'elles ont prise pour signe.

Surtout il est éminemment symbolique comme elles. Moins il imite d'objets, plus il représente d'idées. Privé de voix, de couleurs et de mouvements, le caractère de sa langue est le génie allégorique des langues primitives. Les autres arts échappent peu à peu au symbole dans le même rapport que les époques où ils ont acquis leur vie indépendante. L'architecture est à la statuaire ce que l'Orient est à la Grèce. La statuaire est à la peinture ce que la Grèce est au monde moderne. Car, ainsi que la nature est construite sur la loi pure des mathématiques, l'histoire se meut sur l'idée divine de l'art. L'une poursuit dans une courbe éternelle la formule des Keppler et des Galilée, qu'elle n'atteint jamais. L'autre tend par une égale approximation à l'archétype de l'Iliade, du Parthénon de Phidias et du Christ de Raphaël.

Enfin, du sein des peuples coule un fleuve éternel de poésie qu'ils puisent en eux-mêmes. En même temps que leur dieu se repose sur l'urne des siècles, il la penche et se mire sur ses ondes, non pas en traits incertains et voilés comme à la surface de la nature, mais face à face dans un miroir vivant, aussi profond, aussi pur que la conscience spontanée du genre humain. Soit que le flot uni réfléchisse dans ses abîmes les monts sacrés de l'Himalaya, soit que les colombes de Sémiramis, les licornes de Persépolis, le griffon d'Égypte, le cheval de Juda, la gazelle des Araméens, viennent se désaltérer sur ses bords, soit que, multipliant ses détours, il berce dans ses eaux la Vénus Aphrodite, le Centaure des Pélasges, les Théories errantes d'Argo et de l'Ionie, soit que, grossi dans son cours, il se précipite au pied du chêne des Eddas, mêlant son sourd retentissement au croassement funèbre des corbeaux d'Odin, soit qu'épuré par sa chute et roulant sous les forêts des Gaules l'or oublié des Druides, il embrasse de ses replis le château merveilleux de Klingsor et de Merlin, et murmure avec les Ondines des Celtes, avec le cor lointain de Roland et d'Oberon ; tous y puisent, tous s'y renouvellent ; aucune main n'y peut poser de digues.

Toute épopée nationale remonte dans son germe à la première apparition d'une race dans le genre humain et se présente à la fois sous plusieurs formes différentes (1). Comme avant la Troie d'Homère une main avait gravé sur les murs de Babylone le bas-relief d'une Troie orientale ; ainsi, quelle que soit la forme où vous vous arrêtiez dans le poème héroïque, elle est précédée d'une autre forme, qui la contient et l'engendre. Ce poème

---

(1) Le même cercle de traditions qui appartient à l'Iliade éclate dans l'Iliade phrygienne de Darès (Ælian, lib. XI, cap. II), dans les poèmes cypriques de Stasimos, l'Éthiopide et la ruine de Troie d'Arktinos, la petite Iliade de Leschès, les Nostoi d'Augias, la Télégonie d'Eugamnon de Cyrène. L'esprit des Nibelungen reparaît dans la rhapsodie de Marner, dans le chant danois de Brunehault, dans les poèmes cycliques de Rosengarten, d'Otniz, d'Alphart et le chant d'Hildebrand. Le cycle celto-breton d'Artus, de la Table ronde et du S. Graal projette ses rayons chez les Anglo-Saxons dans le Brut de Robert Wace ; en France, dans Lancelot, Galab, Tristan, dans le Titurel de Guiot de Provence et de Chrétien de Troyes, dans les rhapsodies de Raoul de Houdant, de Huon de Méri ; en Allemagne, dans la Trilogie de Parcival, du Titurel, du Lohengrün d'Eschenbach, etc. Rien ne serait plus à désirer pour l'histoire qu'une édition de quelques-uns de ces derniers poèmes, dont nous avons dans notre langue les originaux en manuscrits. Les Allemands et les Anglais ont publié les traductions libres qui ont été faites vers le treizième et le quatorzième siècles. Ce sujet est traité dans un ouvrage sur le *Génie des races germaniques*, dont l'auteur s'occupe depuis longtemps. — 1828.

formé de la substance d'une race est plus vrai, plus profond que l'histoire. Au lieu de ramper avec le discours écrit, enchaîné à la pierre ou au bronze, il vole avec le chant d'îles en îles, de forêts en forêts, de montagnes en montagnes. Quand le soufle générateur commence à manquer, c'est alors seulement qu'il se laisse enchaîner à la lettre et fixer par l'écriture. Le poète apparaît pour recueillir le testament poétique d'un monde qui s'efface.

Les cendres des générations se superposent lentement dans les traditions, et forment l'une après l'autre des couches plus harmonieuses que le marbre des montagnes quand la mer de Messénie laisse voir leurs pieds au fond de ses flots d'azur. La diversité des époques et l'unité de la nation se montrent sous la transparence de l'épopée nationale. Spontanément émanée de l'âme d'un peuple, elle est au monde civil ce que la construction géométrique est au monde des corps.

L'idée du polyèdre, conçue par Pythagore ou Platon, n'a point encore depuis tant de siècles été atteinte par les cristaux les plus purs des montagnes. Depuis que les globes célestes roulent dans leurs orbites, ils n'ont point poli et corrigé leurs surfaces jusqu'à égaler le type de la sphère gravé sur le tombeau d'Archimède. Les formules de Keppler et de Galilée, tout insaisissables, tout invisibles qu'elles sont, plus vieilles que l'univers, n'ont pu encore être obéies, malgré l'éternelle course des astres qui les poursuivent ; et la vie de la nature n'est rien autre chose qu'un inépuisable effort pour se construire sur ces vérités immuables, éternellement déposées dans l'esprit divin, et tout à coup retrouvées dans le temps par l'intuition de la science.

Il en est de même des types de poésie, conçus à l'origine par l'esprit national. Plus purs que l'histoire qu'ils précèdent et qu'ils dominent, la condition des choses humaines est de les reproduire dans le réel. Mais, quand les annales entières d'un peuple se sont développées, elles n'ont point encore rendu et exprimé pleinement l'idée vivante que l'art a montrée en naissant. Il faut tenir compte de mille obstacles qui empêchent la courbe de l'histoire, malgré son approximation indéfinie, d'atteindre à la formule de l'épopée. De là les empires, malgré leur puissance, n'ont pu se défendre de la mort ; et ces chants le plus souvent confiés à la garde de vieillards aveugles ou de pâtres errants leur ont survécu, parce qu'ils avaient réellement en eux plus d'être ou plus de ressemblance avec le fond immuable de la raison universelle.

Si une race ne représente qu'une idée particulière dans l'humanité, il en résulte que le poème qui recueille cette idée n'est lui-même qu'un fragment d'un poème universel. C'est une remarque des anciens (1), que l'épopée est moins achevée dans son tout que la tragédie. En effet, la première ne forme, comme la destinée d'un peuple, qu'une unité incomplète; l'épopée s'avance d'un mouvement éternel, sans jamais trouver en soi sa conclusion. Son crédule génie, qui croit, dès le commencement, toucher au terme, s'en distrait dès l'origine. Après avoir recueilli la trame des traditions universelles d'une race d'hommes, elle s'arrête; elle tranche tout par un dénoûment particulier. Une contradiction inévitable règne entre son début et sa fin. Le monument qui a pour base la conscience d'une nation ne peut finir qu'avec cette nation elle-même. Tout autre dénoûment est une pierre d'attente à laquelle l'avenir attachera son œuvre. Ni le tombeau d'Hector, ni la disparition d'Arthus, ni les noces de Roger, ne ferment d'un sceau nécessaire les traditions des Celtes et des Germains. Comme une race ne s'explique pleinement que par l'avènement d'une autre race, toute épopée a pour dénoûment réel l'épopée qui la suit.

En effet, pendant qu'une critique supérieure subordonne les œuvres d'un Eschyle ou d'un Pla-

---

(1) Aristote.

ton à l'idée d'un tout organique qui fait rejaillir sa lumière sur chacune des parties, il serait étonnant que le génie de l'humanité procédât seul par fragments. Son âme harmonieuse, qui a construit la vaste trilogie de l'histoire, a enchaîné l'une à l'autre, avec la destinée de ses peuples, les stances de son poème. Soit qu'elle unisse, soit qu'elle divise les fils de son récit, jamais le cours n'en est interrompu.

L'invocation religieuse, la consécration solennelle aux dieux de la terre et des eaux, remplissent la pensée cosmogonique du Mahabaratah de l'Inde, se prolongent dans les chants des Titans d'Orphée et de Linus, et ne font place à l'action héroïque que dans les poèmes d'Homère. Avec l'Iliade et l'Odyssée, commence ce récit abondant et paisible qui n'aura plus de fin.

Comment les peuples de l'Italie auraient-ils fermé le cercle de l'Iliade ? ces peuples qui marquaient une nouvelle phase du monde grec ne pouvaient qu'ajouter un brillant épisode. Ils gravèrent dans l'Énéide un tableau savant sur le bouclier d'airain d'un dieu d'Homère.

Il fallait un poème qui d'un côté appuyât ses bases profondes jusque dans l'enfer païen, et de l'autre atteignît le ciel du christianisme, qui eût la grandeur sauvage des mythes achéens, et déjà l'empreinte de la chevalerie, qui à la force des

Titans joignît la douceur des châtelaines, au reste aussi vaste, aussi ancien que la destinée d'une famille de peuples appelés à changer l'univers. Ce fut le début d'un nouveau chant.

Sur le même rhythme que les premiers, il commence là où ils finissent. Comme eux, né du paganisme, mais aussi sombre qu'ils étaient éclatants, aussi dénué d'ornement qu'ils en étaient prodigues, imitant dans sa rude cadence le bruit du glaive d'Attila, ce fut la réponse des barbares au chant virgilien de l'Italie. En même temps que la race des Germains ensevelissait la civilisation grecque, ses héros roulaient du haut des monts la pierre encore informe des Nibelungen à l'entrée du Tartare homérique.

Sur le même fondement religieux que les Nibelungen, la race persane développait le vaste organisme de son épopée (1). Elle en reculait les bornes jusqu'aux âges des Dschemschid et des Zoroastre. Embrassant dans le Shanameh et les temps d'Alexandre et ceux des Sassanides, et jusqu'aux jours de la conquête arabe, joignant aux péristyles des temples de Persépolis les mille colonnes des mosquées de Damas, mêlant, sans les confondre, et les Izeds du Zend-Avesta et les Sura du Coran; l'épopée persane enchantait de son talisman chacun des pas du genre humain.

(1) Le *Shanameh*.

De même que le mont Taurus, après s'être divisé aux portes Caspiennes, jette l'un de ses rameaux sur le Danube et les Carpathes, l'autre dans le golfe d'Arabie, qui, par le petit Atlas et les Sierras d'Espagne, vient rejoindre le premier dans les masses des Pyrénées, et clore le bassin de la Méditerranée, ainsi ces deux mondes épiques, issus d'un même sol, après s'être longtemps partagés, se rencontrent et se pressent dans le cycle de Charlemagne et de Roland de Roncevaux. A ce centre aboutissent les traditions universelles qui se sont jusque-là développées isolément. De toutes parts la vie épique recueille à ce foyer ses éléments répandus dans la succession des temps. C'est un point où se croisent et se nouent les récits de toutes les races.

Le principe de la chevalerie, qui apparaissait à peine dans les Nibelungen, devient le fond de ce nouveau cycle. En même temps se rouvre la source longtemps tarie des fables grecques. Les héros de Troie, réveillés dans la forêt enchantée, sont mêlés aux aventures qui ont suivi leur long sommeil. Le sacerdoce druidique étend ses ombres sur la féerie de l'Iran et de l'Arabie. Ainsi enrichi de la substance de tous les peuples, le poème poursuit son cours plein de majesté et de grandeur, toujours plus paisible et plus serein. Tandis qu'il s'accroît des mythes bretons dans le cycle d'Arthus (1), il étend enfin ses bornes jusqu'à l'Inde, et va chercher à sa source une nouvelle vie. Le vase mystique du S. Graal, où toutes les nations ont étanché leur soif, que l'Égypte a donné à Hermès, la Perse à Dschemschid, la Grèce à Hercule, après avoir passé entre toutes les mains, devient le prix et le but des combats des rhapsodes du moyen âge. Le génie symbolique du christianisme, non point, il est vrai, dans sa pure essence, mais encore mêlé aux visions de la chevalerie, marque déjà cette dernière épopée d'un caractère allégorique qui achèvera de trouver son plein développement dans l'épopée de Dante.

Imaginez, en effet, que le symbole chrétien grandisse subitement et domine avec l'Église du moyen âge. Assujetti dans le cycle d'Artus aux traditions nationales, qu'il rompe ce lien et devienne lui-même le sujet et le fond d'un nouveau monde d'art et de poésie. Que le lieu du poème, après s'être par degrés élargi du bassin de la Méditerranée à la Perse et au Danube, puis à l'Inde et à l'Islande, s'étende jusqu'aux derniers confins de l'univers créé, que la forme indienne reparaisse et domine au sein des traditions modernes, que les âges divers de l'histoire forment eux-mêmes les divisions d'une cosmogonie héroï-

---

(1) Voy. les *Épopées française du douzième siècle*.

que ; cette péripétie confuse, où les personnalités des peuples se rencontraient pour se choquer, où les aventures mêlées et confondues ne semblaient plus laisser aucun dénoûment possible, va se résoudre dans une harmonie idéale. Les traditions locales qui se contredisaient et luttaient entre elles, lorsqu'elles étaient subordonnées aux formes individuelles de la conscience d'une race, affranchies de ce lien, reprendront leur développement et leur ordre naturel dans la conscience poétique de l'humanité même.

La comédie divine de **Dante** sera ainsi le premier acte d'une sorte de **jugement dernier**, où s'expliqueront et se reconnaîtront à la lueur de l'esprit universel les méprises, les fausses alliances, les groupes épars d'une action que les siècles ont eux-mêmes compliqués à dessein. Dans son génie abstrait, la Comédie divine n'aura pour dénoûment ni la prise d'une ville, ni la vengeance d'une tribu, ni la migration d'un peuple, mais la loi progressive du monde civil, une Troie idéale, la Cité de l'Éternel.

Les épopées précédentes étaient l'œuvre et le tableau d'une race ou d'une nation ; l'épopée de Dante, qui ouvre un nouveau cycle, nous apparaîtra comme l'œuvre et l'image du genre humain.

Et maintenant, qu'un homme dispose des annales de l'humanité comme Homère de celles du peuple grec, que pour unité il choisisse l'unité de l'histoire et de la nature, qu'il rapproche des êtres réels à travers les siècles, dans la voie merveilleuse de l'infini, que ces scènes se succèdent et s'enchaînent, non plus dans les ombres de l'enfer, du purgatoire ou du paradis du moyen âge, mais dans un espace aussi illimité, brillant d'une lumière plus complète, il aura atteint la forme possible et nécessaire de l'épopée dans le monde moderne. Moins achevé dans ses contours que les poëmes homériques, il les surpassera en grandeur et en élévation. Sa mission est de dégager des voiles mystiques de la Comédie divine, du Paradis perdu et des saints livres du christianisme, le côté réel de l'humanité, comme l'Iliade a extrait la figure grecque du système des épopées symboliques des Achéens et des Pélasges.

1828.

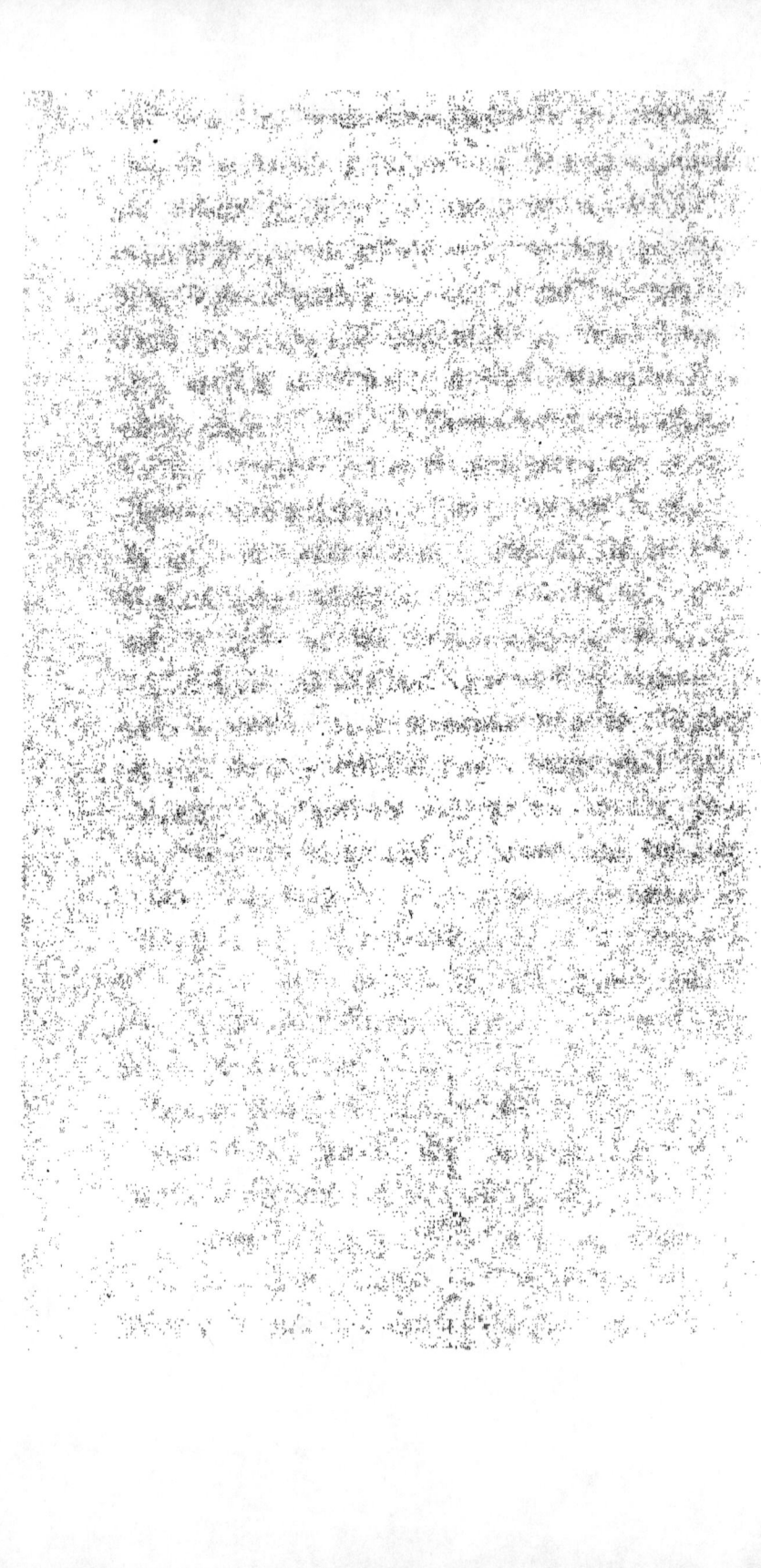

# DE
# L'AVENIR DE LA RELIGION
(1831)

# DE
# L'AVENIR DE LA RELIGION

DE L'AVENIR DE LA RELIGION.

Les révolutions politiques ont toujours été précédées et en quelque sorte prophétisées par des révolutions religieuses. Quand l'humanité dût passer de la monarchie orientale aux républiques helléniques, ce changement fut marqué d'abord par le passage du panthéisme de l'Asie à l'antropomorphisme du culte grec. On aurait pu mesurer le changement survenu chez les hommes par celui qui s'était accompli chez les dieux.

Dans les temps modernes, la réforme religieuse renferme implicitement, sous d'autres traits, toutes les phases qui se sont suivies dans la société civile. Comme la Réformation a eu deux époques, ce mouvement s'est réfléchi dans deux ères politiques. La révolution d'Angleterre est à la Révolution française ce que le luthéranisme est au calvinisme. La première de ces révolutions est encore à demi attachée au moyen âge. C'est son caractère que ce mélange de foi mystique et d'anarchie sociale : la Bible suspendue aux arçons de Cromwell, tous ces groupes d'anabaptistes, de quakers, de puritains, mêlés dans une lumière douteuse ; et l'Homme-Dieu régnant sur ce bruit, sur ce sang, sur ces trois royaumes jetés dans la fournaise, sur ce pandémonium, qu'il contient et clôt encore de la pierre de son sépulcre.

La Révolution française achève de briser ce que l'Angleterre a commencé de délier. Sa loi, sa loi terrible, est de rompre la tradition religieuse. On le lui a reproché, et c'est, en effet, sa mission prochaine ; car il est des temps où il faut que l'homme marche seul et montre ce qu'il sait faire sans Dieu. Ces jours arrivent lorsque Dieu, après lui avoir enseigné sa tâche, comme à un enfant, dans le mystère des époques primitives, la lui laisse accomplir, dans sa maturité, seul et sans guide. Quand les races encore primitives arrivaient par des chemins inconnus ; quand aucune d'elles ne savait où elle allait ni où il fallait se reposer ; quand les cathédrales commençaient à s'élever et que les architectes cherchaient le plan de la cité du moyen âge ; quand un univers nouveau, étonné de lui-même s'interrogeait sur sa mission, alors l'Éternel était là, sous la forme du Christ pour dire au peuple : « Arrêtez-vous sur ces rivages; » aux porches des cathédrales : « Courbez-vous en forêts de granit ; » aux colonnes : « Amincissez vos fûts, plus frêles qu'un fuseau dans la main d'une vierge; » à l'univers entier : « Formez de grands empires, pour occuper les siècles qui suivront. »

Mais aujourd'hui, où est l'ouvrier qui ne connaît sa tâche? Où sont les rois qui ont besoin d'apprendre le chemin de l'abîme et ce qu'il faut d'heures pour y descendre? Quel peuple ne sait où ses pieds le conduisent et ce qu'il veut faire de lui-même? Que chacun achève donc son œuvre, mais que nul n'attende la visite du maître; il ne viendra que lorsque la tâche, se trouvant accomplie, il faudra en donner une nouvelle au monde.

Or, c'est la dignité de notre époque, de ne pouvoir se résigner à ce dénûment, et de se faire elle-même des cultes prémédités. Comme si les grands cultes de l'antiquité avaient épuisé, partout où ils se sont établis, les harmonies divines départies à chaque lieu, c'est là où ils se sont développés que la pensée religieuse a été le plus vite effacée. Dès l'origine, la Grèce, l'Italie, l'Espagne ont formé de leur souffle et nourri de leur âme ce grand polythéisme antique qu'elles ne peuvent quitter. C'est à lui qu'elles ont donné leur ciel, leur lumière, l'esprit de leurs montagnes, la voix de leurs forêts ; à lui les dômes de leurs sommets de marbre, les bois de myrtes verts, le vent sous leurs rameaux, le soleil sur les monts, et l'âme qui remuait tout cela. Au Dieu moderne, elles n'ont laissé que les chapelets dans les couvents, les os des évêques autour des cimetières, les prières du soir des femmes de Grenade, et quelquefois une brise de mer qui passe sur ces trois mondes, et tire un sourd murmure de ce sépulcre vide.

Après avoir épuisé le génie de ces contrées, la pensée religieuse s'est retirée des extrémités au centre de l'Europe. Plus la vie lui manquait, plus elle l'a recueillie au cœur de la race germanique. La destinée entière de cette race, son origine orientale qu'elle aperçoit encore, le génie de ses mythologies scandinaves et de ses épopées du moyen âge se résument dans l'idée du panthéisme qui se répand avec elle. Ce que, dans l'antiquité, les Alexandrins ont fait pour les religions païennes, l'Allemagne le fait pour le christianisme; elle accepte les croyances du moyen âge, à condition de les ériger en système et de les transformer en philosophie.

Son catholicisme, sans ajouter au nôtre aucun élément vivant de foi ni d'avenir, remonte plus loin dans le passé ; enveloppé des nuages de l'infini, il ouvre les portes de ses cathédrales aux traditions primitives qu'il va rechercher dans l'Inde, aux croyances des Scandinaves et des Druides, aux symboles de Schelling ; il ressuscite tous les fantômes évanouis dans la pensée de l'homme ; et, quand chacun d'eux se remue sous les voûtes, il faut du temps pour reconnaître que ce sont des morts qui font ce bruit, et que pas un cœur vivant ne bat dans cette foule.

Le protestantisme, agrandi par les dogmes de Spinosa, s'étend, et, pour ainsi dire, se gonfle pour les renfermer sans se briser. C'est un effort laborieux de faire pénétrer le panthéisme dans l'Église et dans l'institution des réformateurs du seizième siècle. Schleiermacher consume à ce travail son habileté de lutteur. D'autre part, à mesure que, par son esprit critique, la Réforme se dévore elle-même, le mysticisme s'exalte; il a failli déjà ébranler tout le Nord.

En France, la pensée religieuse vient de faire deux efforts. Dans le tumulte des libertés nouvelles, elle a tenté de rentrer pêle-mêle dans l'État avec les flots du peuple ; ou bien, assez humble pour n'être qu'un pis aller, dans un âge d'industrie, elle s'est mise (1) à adorer le dieu de l'industrie, un dieu qui, tristement et sans salaire, travaille et se lasse à fabriquer le monde, comme l'ouvrier, dans son échoppe, pour vivre encore un

(1) Le saint-simonisme.

jour, carde sa laine ou forge le fer sur son enclume.

Cependant, non sans doute, l'histoire de la religion n'est pas finie, non plus que l'histoire de l'humanité, si le catholicisme doit vivre aussi longtemps que le type de nos sociétés occidentales pourtant un jour ce type s'altérera, et avec lui le culte fait pour lui. Mais à quelle condition verra-t-on ce changement, et de quels signes sera-t-il précédé?

Pour répondre à cette question, il est nécessaire de sortir de l'horizon des sectes et de s'élever jusqu'à l'idée des rapports de l'histoire et de la nature ; car une religion n'est pas seulement un fait social, mais une idée cosmogonique, le cri tout entier de l'univers, une parole depuis longtemps contenue dans la création, et que chaque objet vient à prononcer par la bouche d'un peuple.

L'homme lui seul peut produire la science. Pour enfanter une révolution religieuse, il faut que la nature tout entière soit complice avec lui : sinon, c'est tout au plus une révolte dans l'infini, une pensée demi-éclose, qui, sans écho dans le monde, sans éclat au soleil, se perd et s'évanouit dans le sein qu'elle a fait battre un jour. Ah! sans doute, la trame de l'âme humaine est loin d'avoir été déroulée tout entière entre les mains du tisserand : à peine si quelques parties plus saillantes ont surgi de la nuit, et ont commencé de poindre dans le tissu de l'histoire. Qui n'a senti dans les replis de sa pensée des forces inconnues, des voix renfermées, et presque le murmure d'un rivage lointain où l'on doit aborder ?

Sous nos pressentiments d'immortalité dorment enfouis les formes futures, les images, les idées, les empires, les générations qui s'éveilleront après nous. Or, telle est la loi des choses, qu'à mesure qu'une croyance nouvelle se révèle au genre humain, elle va chercher, pour se développer, une nouvelle contrée. Comme l'oiseau, dès qu'il est né, s'en va trouver, sans les connaître, le climat et l'abri qui lui conviennent; comme la plante se lève dans la nuit pour aspirer les rayons du matin qui ne luit pas encore; comme la source cachée prend la voie la plus courte et descend vers le lac qu'elle n'a point aperçu, toute idée religieuse, sitôt qu'elle est éclose dans le génie d'un peuple, se lève, et va chercher dans la nature le type où elle doit s'arrêter.

De là l'histoire ne connaît point d'établissement de culte qui n'ait été en même temps une émigration de race. L'apparition du culte de Bouddha décide le premier mouvement de la branche indogermanique, depuis l'Himalaya jusqu'au Taurus. Les dieux des peuples grecs indécis aux portes du Caucase, grandissent et s'achèvent dans le chemin des tribus, et s'accroissent de chaque objet qu'ils rencontrent en passant. Le christianisme, aussi, est d'abord, en naissant, une idée nue et dépouillée, tombée de l'âme humaine sur les confins du monde oriental. Pour qu'elle ne périsse pas sur la grève, comme l'œuf de l'autruche, à la première brise, il faut qu'elle aille s'enchaîner à la forme des montagnes et des rocs immobiles, et s'organiser dans la nature selon le type qui lui ressemble.

Trop de dieux ont épuisé l'Orient ; à la pensée qui vient de naître, il n'offre qu'un éternel retour vers les pyramides de la race de Cham, le parfum évanoui des bananiers de l'Inde, le symbole délabré des lions de la Perse ; et le monde moral, qui commence à paraître, a besoin de s'assimiler à un monde physique aussi nouveau que lui. Aussi, le premier mouvement du christianisme est-il de quitter la terre où il est né. Il fuit les palmiers de Job, le mont de Zoroastre, les *fleuves de Brahma*. Aux anges des évangiles, à l'enfant de la vierge, il faut des solitudes immaculées où eux seuls ont passé, des sources dans les bois où nul n'a puisé hormis les passereaux des paraboles, et pour un autre dieu, d'autres bois sacrés, d'autres mers, u autre ciel.

En effet, c'est l'instinct du christianisme nais sant de rechercher les déserts où nulle civilisatioi ne l'a devancé. Il traverse la Grèce et l'Italie ; mais il n'établit ses chapelles, ses ermitages, ses monastères, que dans les lieux inhabités, où il trouve des formes et des harmonies, dont le polythéisme n'a pu s'emparer. Encore altéré par le soleil des déserts d'Arabie et du ciel de l'Iran, il se hâte vers les ombres du Nord ; il ne s'arrête que lorsqu'il a atteint l'horizon des Gaules, de l'Angleterre et de l'Allemagne.

Alors, au sein d'une nature jeune comme lui, inspirée comme lui, il se modifie d'après elle ; et, jusque-là, flottant et incomplet, il achève de se fixer dans le catholicisme. Esprits cachés dans les montagnes et les forêts des anachorètes, fleurs, pics aiguisés des Alpes, ombrages des pins chevelus, pierres oubliées des Druides, tout ce qu'il a trouvé sur sa route sert à son monument. Il recueille toutes les formes environnantes, comme l'oiseau qui fait son nid recueille le brin d'herbe. Il s'en revêt ainsi que d'un manteau contre les froids d'hiver ; et, sentant que le temps est venu où il doit s'arrêter, il se construit, d'après ces types épars, des abris gigantesques, d'obscures cathédrales, pour y passer, dans l'immobilité, les siècles à venir.

Appliquons ceci à l'époque où nous sommes. Si de ce long travail de l'humanité contemporaine, si de cette lassitude, de ce mélange de sectes écroulées, si de cet effort constant de se faire une foi, il sortait à la fin quelque chose qui pût y ressembler, qu'arriverait-il incontinent? Il arriverait ce qui s'est vu dans toutes les religions passées ; cette idée ne resterait pas au lieu où elle serait née. Jeune, elle aspirerait à un jeune univers ; errante à la surface des âmes, le moindre vent la gonflerait, la pousserait comme une voile vers le lieu qui l'attend.

Pour porter leurs fruits, les vieilles prophéties de Daniel, apportées de la Perse, ont eu besoin de se rafraîchir au souffle des Gaules, et de boire a rosée des forêts des Germains. Pour que le livre du Nouveau Testament s'inscrivit dans le monde, il fallut dérouler une page nouvelle du livre des montagnes. De la même manière, ce type jusque-là inouï, et cette jeune idole qui tout à coup surgirait des fondements de l'âme, irait dans l'univers chercher un autre temple. Elle irait loin d'ici se bercer sur des fleuves qui n'ont réfléchi qu'elle, et du sein de toutes choses, appeler à soi des esprits, des voix, des formes, des génies qui, jusqu'à sa venue, devaient rester ensevelis et ne répondre qu'à sa voix.

Lorsqu'au commencement de ce siècle, un homme de génie rendit au catholicisme une partie de sa vie, ne trouvant que ruines autour de lui, il alla jusque dans les déserts d'Amérique recueillir à la hâte des bruits, des formes pour rajeunir son culte suranné ; et ce Jéhova qui, sous ses dômes gothiques, branlait la tête de vieillesse, il le couronna des herbes des savanes et du duvet des petits du condor. Ce qu'un homme a fait à l'aventure, l'humanité le fera après lui : quand elle sentira en elle la venue d'une ère religieuse, elle ira se reconstruire sur le plan des Cordillières. Je ne sais quels peuples, mais il y aura des peuples, et des idées aujourd'hui sommeillantes dans nos cœurs, inconnues à nous-mêmes, qui monteront aussi haut que les pics des Andes, qui germeront avec l'herbe des pampas, qui déborderont avec les eaux de la rivière des Amazones, qui couvriront de leur bruit le bruit des cataractes. Je ne sais quel prophète, mais il y aura un prophète comme Moïse au désert, comme Mahomet dans l'Arabie, qui se lèvera avant le jour pour surprendre le secret de ce monde endormi. En le mêlant avec le secret de l'homme, il composera le nouvel évangile du nouvel univers.

Jusqu'ici, il est vrai, l'Amérique en face de l'Europe, est ce qu'étaient les Gaules en face des municipalités romaines. A peine sortie des eaux du déluge, et tout à coup enlacée dans les bras décrépits d'une société ruinée, cette union ne produit rien que l'opposition de la nature et de l'homme. Mais, par degrés, l'humanité s'assimilera le monde qui l'entoure. Dans ce silence où elle reste plongée, les fleuves ne cessent de gronder et de chercher leur écho dans une cité nouvelle. Pour peu qu'une idée leur réponde, vous verrez cette voix si longtemps contenue, tout à coup s'élever des lacs et des forêts, et des savanes et des pampas, pour éclater tout haut dans des institutions d'hommes, des destinées d'empires, des gloires à venir, des récits épiques, des vies séculaires, qui s'amasseront sans bruit avec les lacs des Florides, avec les cristaux des Andes.

Alors l'humanité, se sentant poussée par une force souveraine, et qui ne vient pas d'elle, et se voyant refaite sur un type étranger, croira de nouveau qu'il se passe quelque chose de merveilleux autour d'elle. Ce sera le moment où elle reviendra encore une fois et tout entière à Dieu ; puis, le premier signe d'une époque religieuse étant de s'éterniser aux yeux dans le symbole de l'architecture, nos cathédrales depuis si longtemps immobiles, commenceront derechef à végéter et à s'accroître. Sur les ceps de vigne et le lierre fané des chapiteaux gothiques, les cactus du Pérou dresseront en pierre leurs tiges velues, auxquelles l'avenir nouera ses nefs ; les lianes des savanes balanceront sur l'ère nouvelle leurs arceaux de granit.

Car l'idée de Dieu, telle que la terre peut la

produire, ne sera pleinement achevée que lorsque toutes les traditions humaines s'y étant peu à peu amassées, et le type de tous les points de l'univers s'y trouvant déposé, chaque île dans les flots, chaque climat dans sa zone, chaque mont dans sa chaîne, pourra dire, par l'organe d'un peuple : La terre a conçu l'Éternel. Il a grandi en Perse ; il est venu dans la Judée, dans le Caucase, dans les Alpes ; il a passé par mon chemin ; il a bu de mes sources et dormi sous mes ombrages ; et maintenant la terre a enfanté son Dieu. Puisque son fruit est mûr, qu'elle aille en tournoyant sous le vent de l'abîme, comme la paille dans l'aire, quand le bon grain a jailli de l'épi sous le fléau du moissonneur.

Juin 1831.

DES ARTS DE LA RENAISSANCE

# L'ÉGLISE DE BROU

DES ARTS DE LA RENAISSANCE

# L'ÉGLISE DE BROU

---

Le moyen âge périssait : il allait mourir debout. Il ne manquait, il est vrai, pas une pierre à sa muraille, pas une maille à sa tunique, pas une épine à sa couronne. Son épée était entière dans le fourreau ; son faucon glapissait ; son tilleul fleurissait dans la cour ; son cheval de bataille hennissait sur le seuil. Il y avait encore des châtelaines sur les balcons ; plus d'un cœur battait d'un immense amour.

Les ponts-levis étaient dressés, les lances aiguisées ; les bannières flottaient sur les créneaux ; les salles retentissaient de cris joyeux. La coupe des festins était encore pleine sur la table des barons, des rois, des empereurs. Sur le haut des tours, les sentinelles ne voyaient arriver ni gens de pied, ni cavaliers : et pourtant cette société allait mourir dans quelques heures ; dans quelques heures, un cavalier invisible allait frapper ces murailles, ces cottes de mailles, ces barons, ces rois, ces empereurs. Il s'apprêtait à disperser en éclats, comme les écailles d'une cuirasse, les rêves, les souvenirs, les croyances de tout un monde. Car le seizième siècle approchait et montait les degrés du seuil. Ses pas pesants résonnaient ; il frappait à la porte : il allait, comme un fossoyeur, prendre le mort sur son lit de parade.

Le vaisseau de Christophe Colomb était alors en pleine mer. Avec lui le genre humain quittait son ancien rivage. La terre lui avait manqué sous les pieds : il allait, pour de nouvelles passions et de nouveaux désirs, chercher un nouveau soleil. Un vent inconnu enflait la voile de l'intelligence humaine ; la mer se taisait ; les îles souriaient. Mille étoiles qu'aucun œil n'avait vues se levaient et se couchaient sur les mâts. Un grand soupir sortait de l'Océan. Une voix, qui retentissait partout, criait : Terre ! terre !

Luther était à Wittemberg ou faisait son pèlerinage à Rome. La discorde qu'il jeta dans l'Europe était alors enfermée dans son cœur. Il luttait seul, dans sa cellule, avec le démon du moyen âge. Il l'entendait qui lui parlait sur son chevet ; il se levait à minuit sur son séant ; il poursuivait le fantôme jusqu'au lever du jour. C'était l'heure de cette sueur de sang dont il parle dans ses lettres, car il se préparait alors à renverser un monde.

Dans cette attente qui saisissait tous les cœurs, l'architecture gothique avait suspendu son œuvre. Elle était arrivée à son faîte avec la société qu'elle représentait. Elle n'avait pas la force de monter plus haut. Le cœur manquait au genre humain pour porter sur leurs piliers les flèches et les tours des églises. La plupart des cathédrales allaient rester inachevées ; un vent froid avait soufflé sur ces plantes célestes et les avait étiolées à leurs cimes.

Non-seulement l'art gothique périssait, mais en face de lui s'élevait un nouvel art qui devait pour longtemps tout attirer à soi. La Babel que le génie du moyen âge n'avait pu achever allait être continuée par l'art de la renaissance ; et le dôme du seizième siècle s'arrondissait déjà sur les ruines de l'architecture gothique et byzantine. Partout au Nord, en Angleterre, en France, en Allemagne, s'était épuisée l'émulation des cathédrales, des tours, des beffrois. L'homme, atteint par le doute, ne songeait plus à faire à ses croyances un abri immortel.

Le siècle nouveau n'éclatait véritablement qu'en Italie. De l'autre côté des Alpes le génie du Nord ne s'était jamais naturalisé ; et il serait facile d'y suivre les modifications de l'architecture gothique, à mesure que l'on se rapproche de Rome, où elle achève de disparaître. Venise entasse, dans ses monuments, le génie de l'Orient, de l'Arabie, du Nord, et de la Grèce byzantine. Milan, Pise, Florence, Orviète, ont mêlé l'art du Midi et l'art du Nord, le plein cintre romain et l'ogive germanique, de la même manière que Dante a mêlé le paganisme de Virgile à l'enfer et au paradis chrétien.

Mais alors tout ce pays saisi par l'exaltation du platonisme allait quitter sans retour la tradition du moyen âge. Ce n'est plus le sens pieux du passé, mais un idéal abstrait et philosophique que l'art va revêtir. Les peintres ne tomberont plus à genoux, comme Fiésole, avant de prendre leurs pinceaux. Ils passent de la foi et de la religion à la sécularisation de l'art. Celui qui s'apprête le mieux à rompre la tradition est Michel-Ange; il fait dans l'art ce que Luther fait dans le dogme. Du bloc informe du passé, il tire des formes que l'humanité n'a jamais entrevues. Du chaos de toutes les choses croulantes, il évoque un monde de géants qui ouvrent le seuil de l'avenir. Ses statues du Jour, de la Nuit, du Crépuscule, de l'Aurore, sont des créatures d'un nouvel univers. Ni l'antiquité ni le moyen âge, ni le paganisme, ni le christianisme, ne pourraient s'attribuer ces images; à véritablement parler, le prophète des temps modernes, c'est Michel-Ange.

Il a comme Isaïe des figures pour les idées et les empires enfouis encore dans le sein de la providence. Chacune des œuvres de ses mains est une prophétie muette, un signe divin qui recommence à jamais sur le chemin des peuples. Il a eu quelque part une vision sacrée, non plus seulement pour une tribu, mais pour l'univers; et, de son ciseau, il éternise cette apocalypse de pierre. Qui déliera la langue de ses Sibylles avant que leurs livres tombent en poussière? Les peuples sont assis depuis trois siècles à son festin de Balthasar; c'est la main de Michel-Ange qui, en face du convive, écrit sur la muraille les lettres gigantesques de l'avenir.

De son côté, Raphaël, en résumant dans son génie épique tout le moyen âge, servait aussi à l'abolir. Depuis les fresques du treizième siècle jusqu'à lui, les formes étaient arrivées par degrés insensibles à leur perfection idéale. Il avait donné une tunique immortelle à tous les rêves du moyen âge; il les avait éternisés dans le ciel de l'art. Les vierges antiques de Cimabue, montant chaque siècle un degré, avaient reçu de lui le type de l'invariable beauté.

On pourrait comparer cette progression de l'art à l'échelle des âmes qui, de sphère en sphère, s'élèvent à leur séjour éternel. Les personnages des fresques byzantines étaient peu à peu sortis de leur extase, et s'étaient levés de dessus leurs siéges ; ils avaient gravi incessamment des cieux toujours nouveaux ; leurs regards tristes et baissés dans les anciennes basiliques avaient commencé à rayonner dans le firmament de Fiesole et à s'illuminer dans celui de Masaccio. Mais leur sourire ne s'épanouit pour l'éternité que lorsqu'ils eurent atteint la religion idéale du génie de Raphaël, et qu'ils purent se reposer pour jamais sur l'escabeau qu'il leur fit de sa main.

Alors le moyen âge fut véritablement achevé, puisqu'il avait gravi au dernier faîte de sa pensée. Tous les voiles terrestres qui avaient recouvert jusque-là les figures des anciens peintres tombèrent et s'évanouirent ; elles étaient entrées dans le ciel de l'immuable beauté ; elles avaient dépouillé sur le seuil la vieille humanité du quatorzième siècle ; elles avaient secoué de leurs pieds la sublime poussière de Giotto et d'Orcagna. A ce moment commença leur éternel *hosanna*, quand le passé fut consommé et qu'elles s'assirent toutes ensemble, en souriant, dans ce paradis de l'art chrétien.

Dans le temps même où ces merveilles attiraient tous les yeux, et où l'Italie, ressuscitée une troisième fois, excitait l'acclamation du monde, l'art du moyen âge, délaissé et mourant, se recueillit dans un dernier effort, et se construisit à lui-même son tombeau dans l'église de Brou. Ce fut là qu'il déposa en terre de France, sa dernière pensée, et qu'il se coucha lui-même dans le cercueil. Ah! que les pleureuses de marbre qui entourent le tombeau de Marguerite n'essuient jamais leurs larmes! car ce n'est pas seulement la duchesse et le duc de Savoie qui dorment là dans ce cercueil, c'est un passé de mille ans; c'est l'ancienne foi; c'est l'ancien amour; c'est la poussière de toutes les croyances tombées; c'est la tradition perdue; c'est le chant du dernier ménestrel; c'est le dernier sourire du roi sous sa couronne, de la châtelaine sur son balcon, de l'aristocratie sous son dais; c'est le fantôme des institutions, de la poésie et des espérances du passé, que l'avénement du seizième siècle vient de réduire en cendres.

Ce dernier monument d'une architecture défaillante ne fut pas élevé comme ceux d'une époque antérieure par les vœux de générations qui se renouvelaient de siècles en siècles. Il naquit d'une pensée individuelle et isolée. Ce ne fut pas la main robuste d'un peuple tout entier qui l'éleva sur le fondement de la foi; ce fut une main de femme qui tissa, comme Magdeleine, ce long suaire de marbre où, sans le savoir, elle ensevelissait un monde. Ce n'était pas non plus, comme à Cologne, à Strasbourg, à Cantorbéry, au sein des fêtes d'une grande ville et du bruit de la foule, que devait s'élever la dernière flèche gothique ; comme un cerf blessé dans une chasse féodale, le vieux siècle devait mourir à l'écart au milieu d'une forêt, et choir sur le seuil d'un anachorète.

Il y avait alors, à la porte de la France et sur le chemin de l'Italie, un pays encore primitif et qui a conservé jusqu'à présent la mélancolie infinie des lieux inhabités. Des forêts sans issues le couvraient. Au sein de ces forêts, des marais, de grands étangs, où les arbres baignaient leurs pieds et qui étaient entourés d'une ombre impénétrable, scintillaient d'une lumière livide. De loin à loin sortait du fond de leurs pesantes eaux un sanglot, comme le bruit d'un homme qui se noie. Mais jamais ils n'étaient visités par d'autres voyageurs que par les hérons, les sarcelles et des bandes de canards sauvages qui, de temps en temps, s'abattaient avec fracas sur leurs rives plombées.

Les exhalaisons de ces marais rendaient l'air pesant et fiévreux. Le matin et le soir, des feux follets s'allumaient et couraient au milieu des bruyères. Quelquefois la foudre brûlait une partie des tourbières séchées, et, comme on l'a vu dans ces derniers temps, l'incendie souterrain durait jusqu'à ce qu'il eût atteint le bord des marécages. Rien n'est encore à cette heure, en France, plus grave, plus silencieux, rien ne saisit d'une plus morne tristesse que tout cet horizon. Au commencement du printemps cette nature défaillante fait un effort pour sourire. Mille plantes des eaux fleurissent. C'est le temps où blanchissent les nénuphars comme de petits cygnes qui secouent leurs duvets sur les marais. Ce pays possède alors un grand charme. L'air qui était humide et pesant se charge inopinément de volupté et de langueur : c'est comme le soupir de la *Pia* du Dante dans sa tour des maremmes. Les vieux donjons embourbés dans la vase peuplent leurs salles désertes de rossignols, de mésanges, de pinsons de montagnes. Mais ce charme dure à peine quelques semaines. Le vent du Midi souffle un jour sur cette joie éphémère ; la plaine, la forêt, le marais, le donjon, tout retombe dans la tristesse et le silence accoutumé.

C'est là, parmi ces harmonies gémissantes que le moyen âge est venu s'abriter pour la dernière fois dans l'église de Brou. Tout sent, en effet, dans cette architecture, la lassitude et l'affaissement. L'ogive, qui s'élançait si légère encore un siècle auparavant, retombe sous son propre poids, comme une fleur des marais que l'été a fanée. Elle fléchit de toutes parts et s'arrondit en arceaux. La pierre même défaille. Sur chacune de ces voûtes pèse une société qui croule, et le fardeau du vieux monde écrase le porche sur ses piliers. D'ailleurs, pour que ce monument eût un sens plus complet et plus européen, tout le monde y met alors la main. Les ouvriers arrivent de Toscane, de Nuremberg, d'Angleterre, de Suisse. Les Allemands apportent le génie du symbole et du mystère; les Italiens, les ornements de la renaissance; les Flamands, le goût des intérieurs domestiques; les Suisses des Alpes, l'industrie des détails et leurs rocs d'albâtre ciselés et brodés. De tout cela se compose un ensemble qui n'appartient plus à aucun ordre, à aucun temps, où le Nord et le Midi se pénètrent et s'enchâssent l'un dans l'autre. Architecture expirante qui conserve dans sa défaillance et sa mystique langueur, l'expression de la vie, et les parures de ses anciennes fêtes; elle sourit, comme une veuve, de son sourire le plus suave à son dernier moment.

Ah! que la vieille société se couche ici sans regret dans son tombeau! elle n'en trouvera point qui soit mieux ciselé ni mieux fait pour son deuil. Sous ces arceaux s'engouffrent sans retour les songes du moyen âge. Qu'il s'endorme pour jamais sur ce dur oreiller de marbre, et qu'il l'affaisse jour et nuit sous le poids des souvenirs. Son lévrier fidèle à ses pieds ne se relèvera pas. Son éperon de pierre ne pressera plus son cheval dans la vallée de Roncevaux ni sur le chemin des croisades. Son gantelet ne serrera plus l'épée de la féodalité. Sa visière ne se lèvera plus sur le monde d'amour d'Arioste et de Pétrarque. Sa main ne puisera plus dans son casque aux eaux fraîches de l'abîme. C'en est fait. Un monde est mort ; la tombe est close, et, là-bas, la forêt murmure, l'herbe tressaille, le marais sanglote.

Voilà un des sens de cette architecture, et le point de vue qui la rattache à l'histoire générale. Mais il en est un autre tout différent de celui-là, et qui néanmoins ne peut s'en détacher. Considérez, en effet, que ce tombeau idéal est en même temps un tombeau réel ; que l'histoire d'une famille est enfermée là dans l'histoire universelle ; que l'épopée privée y est contenue dans l'épopée du monde ; que sous ce sarcophage dorment, non pas seulement des idées évanouies, mais des cœurs qui ont réellement battu dans des poitrines humaines. Vous touchez ici à tout ce qu'il y a de plus général et de plus intime ; et le poëme de la vie terrestre est véritablement complet.

On peut affirmer qu'en aucun lieu l'architecture religieuse ne s'est prêtée à des sentiments plus personnels. Elle a réussi à traduire la langue des sonnets de Pétrarque et à donner un vêtement de pierre à la partie la plus mélodieuse de l'amour au moyen âge. Ce n'est plus le symbole austère du catholicisme du treizième siècle, ni le Dieu jaloux des cathédrales de Cologne, de Strasbourg et de Reims. L'individualité triomphante des modernes s'est divinisée ; elle a gravé son blason, ses serments, ses lacs et sa devise, sur la pierre de l'éternité. La cité sainte s'est remplie de soupirs, de larmes, de songes, qui ne s'adressaient pas à Dieu.

Au fond du sanctuaire, la prière d'Héloïse est sortie de ses lèvres, avec mille souvenirs d'amour et mille regrets terrestres qui ont pris un corps dans la pierre et dans le marbre. Rejetant le pur ascétisme, l'Église a été infidèle à son époux céleste. Elle a orné ses murailles des devises et des chiffres d'un époux mortel. Elle a brodé les lettres d'un nom qui ne pâlissait pas devant le nom du Très-Haut. Elle a semé son parvis de fleurs ciselées et de marguerites d'amour qui ont gardé leur parfum devant la rose mystique et la vigne de l'Évangile. Dans les hauteurs des cieux, elle a sanctifié la terre, elle a immortalisé le mort ; elle a éternisé le temps.

Ce n'est plus la cathédrale triste et sourcilleuse que l'orage bat éternellement sur sa colline, et qui reste agenouillée depuis des siècles devant le sépulcre vide du Seigneur. C'est une Béatrix ou une Laure qui s'assied sur le chemin du ciel, en pensant au parfum de son amour terrestre.

A véritablement parler, l'église de Brou est dans

l'architecture l'expression de la sainteté idéale de l'amour et du mariage, tels que la poésie et le dogme les ont consacrés au moyen âge; toute la vie privée de ce temps-là y est renfermée comme une épopée domestique. Deux ducs de Savoie meurent à la chasse dans les forêts des environs. La veuve du premier fait un vœu dont sa belle-fille hérite; et ces deux femmes n'auront plus désormais qu'une seule pensée; elles ne vivront que pour se bâtir un grand tombeau qui redeviendra leur couche nuptiale.

Marguerite d'Autriche ne passera plus un jour sans broder et tisser ainsi le marbre de sa tombe, comme une fiancée prépare son voile et sa robe de noce. Il lui faut un abri de pierre pour les rêves de son cœur; elle ne peut pas s'en passer plus que d'un abri contre la pluie et la neige des hivers. Elle bâtit un toit à ses espérances, à ses regrets éternels, comme une bonne ménagère bâtirait un toit à ses troupeaux de brebis et de génisses. C'est la maison de son âme qu'elle construit de pierre blanche et ciselée. Elle conduit elle-même la main de son vieil architecte aveugle. De ses larmes tièdes elle réchauffe l'art expirant du moyen âge. Elle amollit comme un voile trempé de pleurs la statuaire du quinzième siècle. Elle plie les anciennes formes rigides de la cathédrale à toutes les inventions de sa douleur et de son âme de femme,

Et, quand le soir de sa vie arrive et qu'elle a mis elle-même chaque chose à sa place, les fleurs de marbre qui ne se fanent pas dans le jardin du Christ, et les morts dans le tombeau, elle vient, pieds nus, se coucher auprès de son époux dans le monument de sa pensée. C'est de cette heure seulement que commence pour elle le vrai mariage dans son duché éternel. Les fanfares ne sonnent plus pour la chasse; son époux sur son cheval fougueux ne poursuit plus le sanglier dans la forêt; elle ne l'attendra plus vainement jusqu'à la nuit, en sanglotant à la fenêtre de sa tour.

Tout est préparé pour la noce spirituelle. La chambre nuptiale est close par une draperie de pierre. Les époux ont dépouillé leurs corps mortels qui gisent sur le pavé. Ils ont revêtu sous leur dais la vie nouvelle. Les voilà qui dorment leurs sommeils de marbre.

Qui pourrait raconter leurs songes plus blancs que l'albâtre des tombeaux? Quand leurs froides paupières se soulèvent, ils voient les arceaux sur leurs têtes, la lumière transfigurée des vitraux, la Vierge et les Saintes immobiles à leurs places; et ils pensent en eux-mêmes : c'est ici l'éternité. Ils n'entendent pas l'orage qui ébranle au dehors la foi sur son pilier; ils se prennent, malgré leurs durs chevets, à rêver de duchés, de vassaux, de blasons qui rayonnent, de marguerites de marbre qu'ils effeuillent dans leurs mains de marbre; et quand le vent fait gémir les portes, ils murmurent entre eux : Qu'avez-vous, mon âme, pour soupirer si haut? et quand la pluie creuse le toit sur leurs têtes, ils se disent : Entendez-vous aussi sur votre dais la pluie de l'éternel Amour?

Ces rêves et mille autres encore étaient alors possibles, parce que les secrets de la mort étaient plus connus que les secrets de la vie. Mille doutes, il est vrai, avaient déjà assiégé le monde. On avait entrevu d'autres cieux par delà les cieux montrés à Abraham par l'ange de la Bible. L'homme avait senti la terre s'émouvoir sous ses pieds. Un nouveau monde était né sans bruit dans un nouvel Océan. Des plantes inconnues étaient sorties de terre dans des climats inconnus. Mais la plante la plus amère n'avait pas encore été cueillie; l'idée que l'homme pût être séparé par la mort de ce qu'il avait aimé n'avait pas encore approché de l'âme humaine.

On savait l'éternité mieux que le temps. Plus d'un cœur s'était surpris à soupirer d'un mal qui n'avait point encore de nom. Mais le secret n'avait pas dépassé les lèvres : pas une bouche n'avait encore prononcé à haute voix le *peut-être* de Hamlet. Chacun se couchait paisiblement dans son tombeau comme dans le berceau de sa vie future; et dans ce berceau il n'y avait point de reptile qui glissât ses anneaux autour du nouveau-né. Toutes les ténèbres étaient encore visibles, et le jour terrestre était la seule obscurité. Il n'y avait pas, sous la bruyère, une fosse, si petite qu'elle fût, qui ne contînt son firmament et son étoile du matin.

Si une voix, sortie du bruissement des herbes desséchées, eût dit alors : « Les yeux qui se sont « rencontrés un jour ne se reverront pas; les « mains qui se sont pressées ne se retrouveront « pas; les cœurs qui se sont aimés ne se recon- « naîtront pas; les frères n'auront plus de frères; « les sœurs n'auront plus de sœurs; toutes les « femmes seront éternellement veuves, tous les « enfants éternellement orphelins, » les statues elles-mêmes se seraient brisées de leurs mains; les tombeaux auraient rejeté leurs ossements.

Ce fut le privilége de ces temps, que toute pensée s'y bâtit son monument de pierre. On pouvait alors tailler longtemps par avance son tombeau, et y mettre près de soi son mort bien-aimé. Les morts veillaient; ils se relevaient, en souriant, sur leur séant à votre approche.

Aujourd'hui, au contraire, le genre humain marche comme le peuple hébreu dans le désert; il ne jette que sable et poussière sur sa propre poussière. Ses regrets, ses espérances restent en arrière sans abri, et sont dévorés, chaque jour, sur le chemin par les lions. Celui qui met des portes de bronze à son sépulcre en est chassé avant que les portes soient closes ; il faut qu'il se contente du sable amer de Sainte-Hélène.

Ce que nous avons le plus aimé, le plus haï, ne laisse de traces que dans nos cœurs. Nous mourons à l'heure où il nous faut sourire, et personne ne saura ce qui nous fait mourir. Nos douleurs, nos désirs, nos désespoirs s'entassent secrètement comme l'onde de la citerne, dont nul voyageur ne connaît le chemin. Il n'y a plus d'urnes pour recueillir nos larmes ; la pluie tombe goutte à goutte sur notre âme, et il n'y a ni au loin ni auprès un toit sur notre tête.

Désormais, il faut vivre avec nos souvenirs comme le berger avec ses troupeaux qu'il n'abrite ni jour ni nuit. Des sentiments qui ont usé nos âmes, pas un seul ne laissera une empreinte sur le sable ni sur l'argile. Chacun se fait sa fosse isolée comme il se fait sa vie. S'il y a une douceur à mêler ses cendres, c'est celle que nous ne connaîtrons pas. Notre amour sera semé au vent, partie sur le mont, partie dans la plaine, si bien qu'il aura peine à renaître. Génération du désert, notre nom ne sera pas écrit sur notre tombe ; au lieu des ornements des morts, nous n'emporterons avec nous rien que la plaie de notre cœur.

Le moyen âge, tout entier, au contraire, est le culte de la mort. C'est le temps de la passion du genre humain sur le Golgotha de l'histoire. L'huma , pendant mille ans, y sent couler sa sueur dans son jardin des Oliviers ; jours funèbres qu'elle passe dans son sépulcre. Les siècles qui sont survenus plus tard ressemblent à des soldats qui veillent, loin de leur tente, sur la pierre du Calvaire. Veillons donc sans dormir autour de ce grand tombeau, jusqu'à ce que le sceau se brise, et que de nos propres ruines, nous voyions surgir une nouvelle vie et un nouvel amour.

(4 décembre 1834).

# ESSAI

D'UNE

## CLASSIFICATION DES ARTS

THÈSE DE PHILOSOPHIE, SOUTENUE PUBLIQUEMENT,
LE 25 JANVIER 1839, A STRASBOURG.

# ESSAI

D'UNE

## CLASSIFICATION DES ARTS

---

L'art a pour but la représentation du beau, que l'on a justement appelé la splendeur du vrai. Dire qu'il est à lui-même sa propre fin, c'est dire que le moyen est fait pour le moyen. Cette dernière théorie est née d'une réaction contre le génie du dix-huitième siècle, qui ne cherchait dans les arts que la démonstration des maximes politiques et religieuses sur lesquelles il fondait son empire. Ce fut là sans doute une manière de revendiquer la liberté de l'art. Mais cette émancipation n'était véritablement que négative, puisqu'elle se bornait à l'isoler des circonstances environnantes, et à lui créer par une sorte d'abstraction une royauté imaginaire. La véritable grandeur de l'art repose sur son alliance avec la beauté éternelle.

Chaque partie de l'espace renferme un monde,

et sous les circonstances les plus passagères se cache une pensée immuable. L'art a pour but d'atteindre l'immuable dans l'éphémère, l'éternité dans le temps, et d'exprimer l'infini par le fini, l'invisible par le visible.

Toutes les formes extérieures sont le symbole d'une pensée qu'elles renferment. L'artiste, sans détruire le symbole extérieur, a pour mission de révéler la pensée qui y est contenue. C'est en cela qu'il diffère du philosophe, qui peut nier les formes pour ne s'occuper que des idées. L'artiste, au contraire, a deux mondes à régir, le réel et l'idéal. Il ne peut ni les détruire l'un par l'autre, ni les résoudre l'un dans l'autre. Il faut qu'il les laisse également subsister, et qu'il fasse sortir l'harmonie de leurs contradictions apparentes.

L'art en soi existe indépendamment de l'homme. Avant l'apparition du genre humain, l'univers était un grand ouvrage d'art qui racontait la gloire de son auteur. La beauté avait déjà été réalisée dans la nature. Le premier lever du soleil au sortir du chaos, le premier murmure de la mer en touchant ses rivages, ce furent là les premiers poëmes où se peignit l'Éternel. Quoique nul peuple ne fût encore dans le monde, l'idée d'art était déjà complète. L'ouvrage et l'ouvrier étaient en présence l'un de l'autre ; la nature était la représentation de l'idéal suprême. Si ces sortes de rapprochements n'étaient pas trop souvent arbitraires, on pourrait même dire qu'il existait déjà une sorte d'image anticipée de la division des arts. Dans ce sens, les formes des montagnes seraient l'architecture de la nature, les pics, sculptés par la foudre, sa statuaire, les ombres et la lumière sa peinture, le bruit des vents, des flots et de la création entière, son harmonie, et l'ensemble de tout cela, sa poésie.

On a pendant longtemps fait reposer tout l'art humain sur le principe de l'imitation. Il serait facile de démontrer qu'aucun des arts en particulier ne copie un objet déterminé; quel que soit celui que l'art veuille représenter, il le change, il le modifie; en quelque manière il le crée une seconde fois. Ni l'architecture, ni la sculpture, ni la peinture ne copient servilement une partie du monde extérieur. Ils ne produisent pas davantage un homme en particulier. Quel est donc le but de leur imitation? L'idéal, le beau en soi, l'immuable; tous les arts imitent, en effet, mais ils imitent l'Éternel.

Ni la nature ni l'art ne sont copiés l'un sur l'autre, mais l'un et l'autre dérivent d'un même original, qui est Dieu.

L'idée par laquelle les peuples se sont représenté l'Être éternel est donc celle qui décide des règles et de la forme de leurs arts. Selon qu'ils auront plus ou moins **approché** de cet idéal suprême, le développement entier de leur génie plastique sera modifié. Il en résulte qu'une histoire des arts suppose nécessairement une histoire des religions.

De là trois divisions principales : l'art oriental, l'art grec, l'art chrétien.

1° Dans l'origine, au sein d'un panthéisme matériel, les formes de la nature et des animaux ont seules été prises pour symboles de l'idéal. La figure de l'homme est pour ainsi dire absente des œuvres de l'Orient. Un seul art a pu s'y développer d'une manière complète, et c'est aussi celui qui est le plus impersonnel de tous, l'architecture.

2° Chez les Grecs, l'homme, s'adorant lui-même, est devenu par excellence le symbole du divin. La statuaire a été l'art dominant, et pour mieux dire l'invention particulière des Hellènes. C'est celui qui répondait le mieux à la forme sous laquelle ils concevaient l'idéal suprême. L'art a été pour eux une apothéose de l'humanité.

Les Romains, ayant dans le fond la même religion que les Grecs, ont eu le même idéal, c'est-à-dire le même art.

3° A l'avénement du christianisme, la matière a cédé à l'esprit, l'humanité a abdiqué devant le Créateur. Le Dieu spirituel a vaincu. L'humanité ne règne plus sur le trône de Jupiter. La sensualité païenne est condamnée. Le crucifix est devenu l'emblème de cet idéal nouveau, et un art moins sensuel, la peinture, a été par excellence celui des temps chrétiens.

En Orient l'art ne se résume dans aucun nom. Dans la Grèce Phidias, chez les modernes Raphaël, marquent toute la différence de deux civilisations, de deux mondes, du paganisme et du christianisme.

L'art réalise l'idéal de Dieu tel qu'il a été conçu par les peuples, ou imposé par la tradition. Mais en le réalisant par des formes palpables, il l'altère et le transforme inévitablement. D'abord, il se contente de copier les types consacrés par le sacerdoce. Il fait, en quelque manière, partie du culte. Nulle liberté, nulle invention dans le choix ni dans la forme des objets représentés ; plus la foi est profonde, plus aussi l'artiste est asservi à la tradition, ainsi qu'on peut le voir surtout par l'exemple de l'Inde. Cependant, peu à peu l'imagination se substitue à la coutume. Les formes se perfectionnent en acquérant plus de liberté. L'art se crée dans le sanctuaire même une croyance particulière. Il change, il innove à son gré. Il suit non plus la voie des ancêtres, mais une certaine idée, *una certa idea*, comme disait Raphaël. Il a conquis l'indépendance, en sorte que l'on peut établir comme une loi générale que l'art ne grandit qu'aux dépens de la tradition, et que, né du culte, il tend à son insu à détruire lui-même son berceau. Tout art incline à l'idolâtrie.

A l'égard du rapport de l'art avec les institutions politiques, on a souvent demandé comment il a pu fleurir sous le despotisme, qui semble devoir tarir toutes les sources de la vie. Premièrement, il peut arriver que ce prétendu despotisme ne soit rien en réalité que le développement le plus énergique des idées nationales, et que ce qui nous paraît servitude n'ait été qu'une paix consentie par les contemporains. Telles furent les époques de Périclès, d'Auguste, des Médicis, de Louis XIV. Secondement, il est des arts en quelque sorte muets, l'architecture, la peinture, qui se sont développés même dans l'oligarchie de Venise. Troisièmement, enfin, loin que l'art soit l'allié naturel de la servitude, il porte en soi une liberté suprême. Il brave les verrous; il chante dans les fers; quand tout est asservi, il garde seul son libre arbitre et il n'obéit qu'à ses propres lois. Il n'est pas même esclave des sens. Comment le serait-il des institutions humaines? Homère, Milton, séquestrés dans les ténèbres comme dans un cachot, ont régné sur la nature visible.

A proprement parler, toute vie humaine est un art. Chaque homme porte en soi un certain idéal ou plutôt une créature supérieure qu'il doit peu à peu révéler par ses œuvres. Chaque individu en naissant est appelé à choisir entre ses instincts et ses passions ce qu'il y a d'immortel et de divin, à rejeter au contraire ce qu'il y a de faux et de périssable en lui-même. Comme un sculpteur fait sortir du rocher la statue qu'il aperçoit des yeux de sa pensée, ainsi nous devons dégager notre personne morale des liens du monde qui nous enveloppe de toutes parts. Les uns laissent l'ébauche à moitié achevée. Les plus sages, les plus purs ne quittent pas l'ouvrage avant que la statue soit détachée du bloc. Il y a du Phidias dans toute créature morale.

Le premier et le plus élémentaire des arts est l'architecture. Ses rapports les plus immédiats sont avec la nature inorganique et végétale. Presque toujours la géologie a décidé des formes primitives de l'architecture. La forme pyramidale des monuments égyptiens a des relations avec la nature granitique des terrains. Au contraire, les assises parallèles des temples grecs semblent être le prolongement des couches calcaires des montagnes de la Grèce.

L'architecture est à l'histoire du genre humain ce que les ossements fossiles sont pour l'histoire des époques de la nature. C'est en quelque manière le squelette du passé d'après lequel on peut reconstruire un moment donné de l'histoire civile.

Les peuples qui ont la même architecture appartiennent au même ordre de civilisation et ne composent véritablement qu'une même société.

Chez les Grecs, l'ordre dorique, l'ordre ionique représentaient la différence fondamentale des deux populations helléniques; en sorte qu'un temple marquait, par des formes mathématiques, le caractère de la nation et de l'État dans leurs rapports les plus généraux avec la nature.

Dans l'architecture byzantine, ces différences de races doriennes, ioniennes ne sont plus observées. Le mélange de tous les ordres s'est opéré à l'image du mélange de tous les peuples dans la pensée chrétienne.

Enfin, dans l'architecture gothique, les ordres épars, les colonnes diverses s'unissent et se pressent en faisceaux dans un même pilier. Dès ce moment aussi les peuples ne font plus qu'un même faisceau dans la main du même Dieu. La cathédrale gothique est dans l'architecture le type de l'unité des sociétés modernes.

L'architecture s'accroît avec le temps, et semble l'œuvre des générations plutôt que l'œuvre d'un seul homme : c'est la représentation de l'histoire universelle.

L'Italie, qui a produit le plus de sociétés différentes, est aussi le pays du monde où l'architecture est le plus complexe. On l'y trouve sous toutes les formes, excepté l'arabe. L'architecture gothique y a suivi surtout la trace des invasions gibelines.

La sculpture a principalement pour objet la manifestation de l'homme. Pour qu'elle se développât, il fallait que l'homme commençât à se séparer de la nature. Au moment de l'histoire où les castes se sont effacées, le héros s'est montré, et avec lui sa consécration par la statuaire. Après avoir successivement adoré tous les objets de la nature, l'homme finit par se connaître. Sa forme devient pour lui l'idéal de la beauté suprême.

Le rapport de l'architecture à la sculpture est celui de l'Orient à la Grèce.

La sculpture ne doit exprimer que les idées les plus générales, l'humanité plutôt que l'homme ; de là elle dépouille ses sujets de tout ce qu'ils ont de périssable. Elle n'a pas pour but d'exprimer tel individu dans tel moment donné de sa vie, mais plutôt l'idée ou l'esprit de toute une vie. Elle prend l'homme nu, sans aucune circonstance passagère de l'espace ou de la durée. Elle le revêt du divin. En un mot, toute sculpture est une apothéose ; art païen, c'est par le paganisme qu'il a atteint toute sa hauteur : il conçoit l'homme au même point de vue que l'épopée.

Au contraire, la peinture conserve toutes les circonstances du temps et du lieu. Elle ne montre pas nécessairement son objet dans l'éternité, dans l'immortalité, elle l'environne de tous les signes de la réalité, et ses personnages sont conçus au même point de vue que les personnages du drame. Ils ne sont point sur un piédestal supérieur aux atteintes de la durée; ils sont plongés dans toutes les agitations de la vie terrestre. La peinture est celui de tous les arts où la personne, l'individualité humaine règnent le mieux sans partage. L'homme n'est point dépouillé des attributs de l'existence passagère. L'individualité conquise et consacrée par le christianisme a créé chez les modernes le règne de la peinture.

Le plus spiritualiste des arts plastiques est la musique; le protestantisme, qui a exclu du culte tous les autres arts, a conservé et développé ce dernier. La musique a cela de commun avec l'architecture, qu'elle repose sur les lois mathématiques des sons, comme celle-ci sur les lois de la gravité. Si la peinture se compose de dessin et de couleur, la musique se compose de mélodie et d'harmonie. L'harmonie est de plus, jusqu'à un certain point, pour la musique ce que la perspective est pour les arts du dessin. La musique vocale est l'expression des sentiments et des passions de l'homme. On pourrait dire que la musique instrumentale est l'expression ou l'imitation de l'harmonie de la nature. Ces deux formes de la musique ont surtout été représentées par l'Italie et par l'Allemagne.

Enfin, au faîte des arts est la poésie, qui, jusqu'à un certain point, les résume tous ; car on peut dire qu'elle est à la fois architecture, sculpture, peinture et musique. Avec elle s'achève l'échelle de la beauté visible. Si l'on veut monter encore plus haut, on demande à l'art ce que la religion seule peut donner, et dans cette confusion se trouve l'abîme et avec lui le vertige. Toute poésie qui veut dépasser ses limites naturelles défaille dans le vide ; et franchissant le dogme, elle tombe dans le mysticisme. Après le développement régulier de la poésie grecque, dans Athènes, la ville de la beauté, vient le développement extrême et anormal dans Alexandrie.

La métaphysique est le commentaire du texte qui est fourni par la poésie. Le philosophe a pour mission d'expliquer les inventions du poëte, comme Joseph expliquait les songes du Pharaon d'Égypte.

La poésie proprement dite est indépendante de la parole ; dans son acception la plus haute, elle est l'accord du passé et de l'avenir, ou plutôt l'harmonie éternelle.

Pour se réaliser, elle a besoin de l'alliance de la parole et de la musique, c'est-à-dire du rhythme.

Chaque être vivant a une voix, un accent particulier dans la nature ; de même toute pensée a un rhythme nécessaire, qui ne peut être altéré sans qu'elle ne soit altérée elle-même. Il y a des idées poétiques auxquelles on donne le rhythme de la prose ; il y a des idées prosaïques auxquelles on donne le rhythme de la poésie. Voilà la première confusion des genres, d'où naît l'anéantissement de l'art.

Si toute pensée a un rhythme nécessaire que l'artiste doit découvrir, il s'ensuit que chaque genre de poésie doit avoir le sien ; et c'est là en effet une loi universelle, à laquelle je ne connais qu'une exception.

Cette exception se trouve dans la poésie française, et mérite d'être remarquée ici, puisqu'elle ne l'a pas été encore. Elle consiste en ce que la langue française, dans les ouvrages du siècle de Louis XIV, n'offre qu'un seul et même mètre pour l'épopée et pour le drame, je veux dire l'alexandrin. Ce point, qui paraît d'abord insignifiant et méprisable, entraîne de grandes conséquences, et cette confusion dans la forme ne manque pas d'en produire de très-considérables dans le fond. Que l'on se figure un moment Sophocle, au lieu de son vers iambique, si dégagé de mots, si bref, si dépouillé de vêtements et de matière, si beau de la seule nudité antique ; qu'on se le figure, dis-je, composant ses drames, dans l'hexamètre magnifique, surabondant, intarissable d'Homère : tout l'économie du style de l'écrivain le plus parfai que l'imagination puisse concevoir sera aussitôt changée. Sorti du langage naturel des passions, le poëte dramatique s'élèvera au langage des dieux, sans pouvoir dire comme le poëte épique que c'est la Muse qui chante et non pas l'homme qui parle. Cette langue des rois pasteurs, qui est celle de Sophocle, une fois abandonnée, le changement passera des mots aux sentiments, des sentiments aux personnages, puis à la composition entière, laquelle, jetée hors du ton véritable, ne pourra échapper à la déclamation. Or, ce changement se trouvera être l'ouvrage d'une circonstance aussi futile et aussi ridicule en apparence que la différence d'un pied de plus ou de moins dans le vers fondamental, sur lequel repose tout le système du poëme. Or, en France, on ne peut nier que le *drame* ne soit écrit dans le mètre et le rhythme de l'*épopée*. La vraie réforme consisterait donc, non pas à changer la nature de l'alexandrin, mais à trouver dans la langue française le vers qui correspond à l'iambe des Grecs, des Latins, des Italiens, des Anglais, des Allemands, et de tous les modernes en général ; car ce vers existe assurément.

La poésie est lyrique, ou épique, ou dramatique.

Dans la forme primitive, la poésie, recueillie à sa source, c'est-à-dire en Dieu même, est, pour ainsi dire, hors des conditions du temps, de l'espace et de la personnalité ; elle est lyrique. Elle chante l'Éternel à l'exclusion du temps, le Dieu sans la créature, l'Être en soi plutôt que les êtres en particulier. De là les monuments primitifs des peuples sont des hymnes, des dithyrambes ; les Védas des Indiens, les Izeds des Persans, les chants perdus d'Orphée, les Eddas des Scandinaves, les Hymnes ecclésiastiques des Chrétiens. Voilà la base et la substance première de toute poésie exprimée par la parole humaine.

La poésie lyrique, dans sa forme la plus pure est le premier accent de l'humanité éveillée dans l'infini.

L'imagination humaine ne s'occupe pas toujours de l'Éternel ; à mesure que la première intuition de l'infini fait place à celle de la nature visible et du fini, la relation du créateur et de la créature, de l'idéal et du réel s'établit dans la pensée de l'homme ; et de là deux genres de poésie, selon la manière dont cette relation est conçue.

L'homme peut être frappé de l'harmonie qui existe entre l'univers et son auteur ; il peut rattacher tous les objets de la nature et tous les événements de l'histoire à une même unité ; il peut suivre les traces et la présence permanente du divin à travers tous les accidents de la vie terrestre. En un mot, sous toutes les scènes de la nature et de l'histoire, il est libre de reconnaître la sagesse céleste et le plan d'une providence, quel que soit le nom qu'il lui donne : la poésie qui naît de ce système d'idées s'appelle poésie épique.

En second lieu, l'esprit peut n'être frappé que de la discorde qui est établie entre le créateur et la créature. L'homme, au lieu de vivre sous l'assistance immédiate de la divinité, sera représenté dans une lutte perpétuelle avec lui-même et la nature entière. Une querelle incessante sera établie entre la terre et le ciel ; l'homme sera livré à lui-même, et la scène se passera dans les ténèbres de son cœur privé de la lumière céleste. Les dieux n'apparaîtront que vers le dénoûment, pour mieux marquer qu'ils étaient absents du reste de la pièce. Cette poésie sera la poésie dramatique.

De ces considérations se déduisent naturellement les lois qui sont propres à chacun de ces genres de poëmes. Si l'épopée est le lien idéal du ciel et de la terre, il s'ensuit qu'elle ne peut exister sans manifester d'une manière sensible la présence du divin. Les scènes de l'épopée se passent en quelque sorte dans l'idée même de Dieu. De là la nécessité du merveilleux. Il n'est point nécessaire, comme le pensait le dix-huitième siècle, que le divin se révèle sous une forme particulière. Il faut seulement que l'idée divine soit comme le lien même des événements. L'harmonie du ciel et de la terre, de la divinité et de l'humanité, est la loi de ce genre de poésie. Si la divinité absorbe tout comme dans la poésie orientale, l'épopée se résout dans l'ode ; si, au contraire, l'humanité domine trop exclusivement, l'épopée se résout dans le drame. Homère, chez les anciens, est le seul qui ait gardé cet équilibre nécessaire.

Il suit également de ce qui précède que le héros de l'épopée est placé dans des conditions particulières. Il ne fait plus partie de l'histoire, mais il habite, en quelque sorte, par avance au sein de la divinité. Il en résulte qu'il est un type plutôt qu'une personnalité. Il représente un siècle, une race d'hommes, d'autres fois, l'humanité tout entière ; et le devoir du poëte et de faire parler en lui la voix de la providence plutôt que celle d'une personnalité capricieuse et mobile. Comme je l'ai dit plus haut, l'épopée conçoit ses héros au même point de vue que la sculpture.

Le contraire a lieu dans le drame : l'humanité peut y paraître dans toute sa faiblesse. C'est elle qui fait le fond du sujet : elle montre ce qu'elle peut faire sans l'infini, sans l'immuable, sans Dieu. L'homme est livré à lui-même, seul avec son propre génie ; il ne retrouve le Dieu qu'à la dernière scène, avec la récompense ou le châtiment. Ce genre de poésie ne paraît chez les peuples qu'après que tous les autres s'y sont déjà développés.

La poésie dramatique est la seule qui, chez les Indiens, ne fasse pas partie de la littérature sacrée. C'est qu'en effet, selon la nature même des choses, le drame est beaucoup moins religieux en soi que l'hymne ou l'épopée.

La poésie lyrique, dans ses origines, appartient surtout aux époques sacerdotales et au génie de la théocratie. David, roi et prophète tout ensemble, restera à jamais le type de ce genre de poésie.

La poésie épique, héroïque, appartient principalement au génie de l'aristocratie et des races militaires. Ce fut celle de la caste militaire des Indiens, de la féodalité, celle qui se rattache aux souvenirs d'Arthus et de Charlemagne, du Siegfried des Niebelungen, du Cid des romanceros.

Au contraire, le drame a une analogie secrète avec le génie de la démocratie ; il a partout grandi avec elle. Le théâtre grec s'est développé chez les Ioniens démocrates plutôt que chez les Doriens aristocrates. Chez les modernes, il s'est développé non pas au sein de la race féodale, mais dans l'institution populaire par excellence, c'est-à-dire dans l'Église. L'épopée du moyen âge a été faite pour les barons ; le drame pour le peuple.

Ce sont là les genres primitifs de la poésie, tels qu'ils sont fondés par la nature même des choses.

Ils se succèdent partout dans le même ordre, en vertu d'une loi immuable, jusqu'au moment où ils se mêlent artificiellement les uns avec les autres. On peut ramener toute histoire littéraire à ces points principaux.

(1839.)

# THÈSE LATINE

SOUTENUE PUBLIQUEMENT, LE 1ᵉʳ FÉVRIER 1839,

A STRASBOURG.

DE

# INDICÆ POESIS ANTIQUISSIMÆ

NATURA ET INDOLE;

Commentatio litteraria

QUAM

AD DOCTORIS GRADUM RITE OBTINENDUM

**FACULTATI HUMANIORUM LITTERARUM**

IN ACADEMIA ARGENTORATENSI

OBTULIT ET PUBLICE DEFENDIT

E. QUINET

In facultate humaniorum litterarum jam licentiatus;

Die 1 mensis februarii anno 1839, hora 2 pomeridiana

DE

# INDICÆ POESIS ANTIQUISSIMÆ
## NATURA ET INDOLE

Libros, poemata amplissima, ignotos Deos, novum ut ita dicam orbem, in indicarum umbra sylvarum ævi nostri curiositas detegere incipit. Societas illa quasi e sepulcro, paulatim, scientia afflante, rediviva expergiscitur, ita ut quamdam cum Græciæ similitudinem referre videatur, quæ, longam quoque post oblivionem, e Byzantiis iterum in lumen prodiit, plaudentibus ubique terrarum populis. Simul ac Orientis et Occasus consortium hodierna consuetudine nectitur, et genus humanum pro familia quisque amplectitur quænam fiant apud Europæ gentes illarum litterarum nuper repertarum potentia et auctoritas, inquirere non vanum est. In primo inventionis studio, non defuerunt qui illa litteris græcis indica monumenta longe præstare existimaverint. Ecquid, nostrum ab antiquo regno Homerum novus expellet poeta? Arti

Hellenicæ ars nova minatur? Quæstiones illas si persequamur, primum indicæ poesis ætates et naturam perpendere necesse est.

Si indica accipies monumenta, prout indigenis placet et Brachmanorum scientia monet, non nisi molem quæ, fictis temporibus, sine ullo rerum discrimine, in infinitum protenditur, informem, indigestam possidere credes. Nullum ibi historiæ opus; nusquam veritas in tuto est. Secula pro horis haberi frequens. Quæ cum ita sint, ab indole poesis et natura, litterarum ætates certius inferendas dubitari nequit.

Antiquiora indicæ poesis monumenta et quasi primum illius societatis vagitum, hymnos sacros fuisse, qui generali nomine *Vedæ*, peculiari autem Mantræ (Mantras), nuncupantur, ipsa rei natura docet: invocationes Deorum breves continent; elementorum, solis, lunæ, stellarum Religioni sunt ornamento; ut qui fortasse simillimi priscis Orphei cantibus viderentur, si vestigia non adulterina remanerent. Hoc solum tuto pronunciare licet in indicis hymnis jam inesse quamdam, ut ita dicam, mysticam virtutem quam in græcis litteris rarissime reperies. Ut exemplo utar, cum solis et auroræ lumine, jam tum in lyricis, invisibile lumen animus haurit. Quædam inveniuntur sententiæ quæ ad rudissimam societatem spectant, quædam autem jam magis philosophiæ quam poesi annumerandæ. Gentes illas simul ab incunabulis philosophiam et religionem cognovisse et accepisse nonnulli autumant.

Hymnos autem de quibus ante dixi, rite in sacrificiis recitandos fuisse in confesso est. Partes enim erant sacrarum rerum. Unicuique hymnorum aliud adjungitur carmen quod uti philosophica commentatio valuisse videtur, et cui nomen *Brachmana* proprie adhibetur. Sacerdotis scientia præsertim in illis interpretationibus viget, et ab opinione vulgari remotissima. Eodem titulo quamvis hæ comprehendantur disciplinæ quo preces et hymni, multo posterioris ætatis vestigium et calcem in fronte retinent. Eæ poeticæ commentationes informem, infinitam substantiam, quasi Deum, attollunt. Ante orbem creatum, æterno somnio immersus, Deus ille, suimet ignarus, invisibilis oceani fluctibus mollissime fretus, tandem expergiscitur. Quem solitudinis amarissime tædet; et mentis oculis futuram rerum universitatem antevidet. Mundus enim in indica theogonia, non ex tempore, uno verbo, exædificatur ; nostrum sublime *Fiat lux*, vedantica respuit doctrina. Æterne suum meditatur opus pantheismi divinitas. Æternitatis meditatio, præcipuum est indicæ cosmogoniæ momentum ; in divino creatoris consilio amplissimus rerum ordo, omnia pulchriora, splendidiora videntur ; totus ille orbis interiore splendidore lucet. Simul autem ac corpora fiunt, illa pulchritudo evanescit, et absurdissimo operi sæpissime Deus incumbit. In Brachmanorum doctrina universus hic mundus nihil aliud nisi creatoris somnium est. Indicus enim orbis conditor, non ut apud Græcos artium amantes, æterni sculptoris formam, at potissimum æterni sacerdotis personam subire voluit, qui longam post contemplationem, et in immenso oceano, lustrationibus suis perfunctus, piger ac solitarius mundum illum quasi vestimentum induit; verissima indicæ voluptatis et mollitudinis imago.

Eædem doctrinæ quæ in *Vedis*, in Manus (Manou) legibus reperiuntur. Has ex ore divino institutiones desumptas fuisse pro fide habetur. Quas quum scientia diligentius collustraverit, non unius hominis, sed sacerdotum opus fuisse videbitur; et nomen *Manou* Brachmanorum ordinem fortasse totum amplectetur. Institutionum autem illarum fundamentum in divisione ordinum et graduum situm est, nempe sacerdotum, militum, mercatorum, villicorum et opificum. Quatuor scilicet populi, in eadem civitate, alius super alium paulatim positi sunt. Unde illius civilis ædificationis origo? Unde diversitates et gentium consensus? Rem videmus: causa vero ubinam est? Totam perditam historiam hæ disciplinæ demonstrant, id est bella plurimorum populorum qui inter se de imperio contenderint. Spesne ulla historiæ illius reperiendæ manet? Quonam pro tantis rebus amissis pensationem inquirere licet?

Apud Christianos medii ævi institutiones cum Indorum societate comparari possunt. Sacerdotes enim, ordo nobilium, civitatum incolæ, servi, quatuor Indorum gradus referre videntur. Una autem differentia apparet, quæ omnes alias similitudines evertit : christianorum sacerdotum ordo non uni tantum civium generi, sed quibusque hominibus patebat.

Illæ autem Indorum institutiones totum orbem quum pervaserint, hodie tantum in incunabulis manent.

Carmina Indorum epica libros de quibus hactenus nostra disputatio fuit, certissime sequuntur. Non solum enim Vedarum, sed etiam Budhæ in illis mentio fit. Duo præcipua epica carmina sunt, *Rameidos* scilicet et *Maha-barathæ* amplissimi cantus. Indolem et naturam poesis quum scire velim, quo modo historiam, religionem, naturam, hominum conditionem et mores, ipsumque poetam referat, hic præcipue mihi inquirendum puto.

Sacrum nescio quod bellum fuit principium et fons Rameidos et Maha-barathæ. Quænam fuerint illa bella, historiarum scriptori fortasse cras in lumen afferre licebit. Ex hodierna scientia id solum efficitur, ut ea gentium pristina bella, ordinum, graduum diversorum causæ et primordia fuerint: e carminibus epicis prima fit legum et civilium rerum commentatio.

Rameis auctorem Valmicem habuit. Quo modo poeta et opus inter se consentiant in limine carminis jam inscriptum apparet. Vatem enim Deus Brahma e cœlo visitat. Suum poetæ opus, instar rei sacræ, imponere incipit. Inde tota homericæ et indicæ poesis differentia patet. In ingressu operis, græcus poeta musam, deam admonet, adpellat et quasi aculeo ad laborem impellit, ἄειδε, θεά; in suomet opere Homerus regnat. Omnia, ut libet, jungit et ornat. Toto orbe diversus, Indorum poeta coram Deo, humi cadit aut jubentem sequitur. Apud Græcos poeta religioni imperat, apud Indos poetæ religio. Hoc est præcipuum asiaticam inter et hellenicam artem discrimen.

In medias res indicus poeta ab initio non incurrit. Quasi somniantem, sub arbore residentem illum in primis prospicimus. Sui operis ideam et archetypum in mente revolvit, antequam ad rem accedat. Totam heroici carminis rationem lente meditatur et providet, ita ut pristinam Dei contemplationem ante orbem creatum, potissimum imitari censeatur.

Priusquam opus aggrediatur, poeta in flumine Gange piissimis lustrationibus scabiem corporis et mentis eluit. Semper enim et ubique, quum primum animum ad scribendum appulit poeta, quadam lustratione eget, si divas imagines in mente retinere velit.

Si autem a nobis quæritur quisnam fuerit istorum temporum mos in condendis tradendisque carminibus epicis, et quo modo in memoria gentium tanta poemata hærere potuerint, rhapsodorum institutionem quæ tam apud Græcos et medii ævi populos per diuturnum tempus valuit, etiam apud Indos exstitisse certi sumus. Cantatores autem in sacerdotum, regum et militaris ordinis nobili cœtu carmina ex ævo heroico repetita modulabantur, Infimi ordines et gradus, non modo e re civili, sed etiam e poesi, ut ita dicam, furca expellebantur. Hieraticam indolem epicæ pœsi attributam fuisse ex omnibus patet.

Indici enim carminis heroes non homines sunt ut in homericis carminibus, imo Dii qui generis humani ad tempus naturam induerunt. Hominum vultus, corpora, mores subeunt, non modo uti personas quas deponere licet eo momento quo vita displacuit humana; sed incarnationes istæ (verbum enim necesse est) morbum, fragilitatem, tristitiam et mortem serio experiuntur. In illis heroicis carminibus, Deus ubique præsens est, et quasi unica persona. Eadem nempe divinitas pluribus corporibus, formis, heroibus, familiis et gentibus sufficit. Quocumque oculus incidat, quum insit

Deus, hæc carmina, potius quam Dantis poema, veram *Comediam divinam* repræsentant ; et id solum fortasse nomen totam carminis indici naturam explicare potest.

Apud Indos, fere nullum humanitati locum divinitas in epica poesi relinquit ; contra, apud Græcos, humanæ et divinæ partes simul aguntur. Inde pulchritudo vera. Si Romanos spectemus, res humanes longe divinis anteponunt, vitio contrario quo Indi laborant.

Cosmogonia et heroica facta simul in indicis carminibus fusa sunt. Hesiodum et Homerum Valmices jungit. Præsertim a nobis aliena ea est doctrina, qua mundus ille universus, ut opus imperfectum et non impletum apparet. Ex quo efficitur, ut genealogiam non tantum generis humani, sed rerum etiam reperias, lapidum, florum, arborum. Quæque sylva, quæque arbor suam habet historiam. Totus orbis utpote ex afflatu poetæ oriundus, cum heroicis eventibus, in carmine crescit et impletur.

In homerica poesi, quum quædam naturæ vis (flumen, oceanus, aquilo) in carmen producitur, jamdudum forma humana vestita est ; oculos, pedes et corpora humana ubique semidii possident. Apud Indos autem, flumina, arbores, flores suas quidem personas agunt ; humani ingenii compotes sunt ; attamen forma deest.

Heroum cum animantibus societas, alia est illius poesis præcipua virtus. Non solum Ramæ equi, ut in Homero, lacrymas effundunt; verum enim vero heros cum bestiis in genuina benevolentia et amicitia vivit; est inter eos communio legis. Simiorum rex prudens, serpentum eximius imperator, vulturum clarissimus princeps cum hominum rege pacem, bellum, et omnia jura ineunt. Nondum genus humanum naturæ uti servo suo imperat.

In illis carminibus, ingentia, horrida, creationis immaturæ monstra nescio quam cum antediluviano mundo quem nuper Cuvierus noster detexit similitudinem præ se ferunt. Fabulam agi putares ea inter palæotheria, megatheria et alia animantia quorum ossa geologorum studio, e terræ sinu hodie effodiuntur. Orbis antediluviani, quemadmodum reliquias in antris, ita quædam in heroicis vestigia conservata, facillime credam; quandoquidem scientia et poesis, simul ac assurgant, sese invicem confirment et augeant.

Præcipua in heroicis persona sacerdos aut Brachmanus est. Eremitis nostri medii ævi persimilis, vitam in deserto degit. Nunquam autem tantam suis monachis concessit potentiam christiana poesis, quantam suis indica. Ventis et mari imperare illis commune est. Uno illorum vocabulo, tota movetur terra; dii ipsi tremunt. In carmine, ut in natura ac civitate, sacerdos regnat.

Heros autem nihil nisi Brachmani instrumentum est. Patrem Æneam, non ardentem Achillem, æmulari illi fas est. Ante pugnam precibus et jejunio vacandum est, et a bello postquam rediit, iterum in abstinentia mentem suam a sanguine fuso lavare incipit. Sæpissime more sacerdotum, vestimento pœnitentiæ et cilicio induitur. Cujus præcipuæ sunt virtutes mansuetudo, obedientia, perpetua animi æqualitas.

Si talem in epicis heroem reperire velis, necesse est ut græcam et romanam societatem obliviscaris, et christianos medii ævi mores memoria repetas. Brachmanus et indicus heros talem inter se societatem instituunt, qualem eremita et eques in nostris fabulis. Cum Arthuri cyclo epica Indorum carmina potissimum comparanda sunt. Quis autem existimavisset nostram pristinam poesin, suam, ut ita dicam, sororem in Gangis littore inventuram fuisse. Æternam abstinentiam, qua nihil excogitari potest severius, heroes Indorum et medii ævi in cœlum attollunt. Tota diversitas in eo sita est, quod christianus eques contra suæ mentis somnia, Indicus autem contra naturæ blandimenta pugnare non desinit.

Indicum carmen heroicum ab abstinentia oritur. Genus humanum in naturæ dulcissimis vinculis quum languescere incipiat suam libertatem sola abstinentia recuperandam putat ; istum orbem

totum negat, si quidem ei imperare non potest.
Oculos homo claudit, aures avertit, mentem a sensibus revocat, ne corporis compedibus undique vinctus, in servitute rerum suam totam perdat virtutem. Brachmanicæ gentis jejunium in amœnissimo Asiæ horto, quid est aliud nisi mens sublimi quodam instinctu elata ut impediat quominus natura hominem, materia animum prorsus dejiciant et vinculis coerceant? Ea est prima pugna e qua tota pendet societas. Utrumne homo dominus an servus naturæ æstimandus erit? Non modo in indica poesi, sed etiam in vita civili eadem agitur quæstio. Carminum heroes contra rerum voluptates et pro mentis humanæ libertate arma induunt. In mente Eremitarum magnum fit bellum; inter naturam et hominem pugna singularis.

Si hodierna scientia carminum heroicorum ætatem ultra dubium non afferre potest, id autem affirmare ausim, traditiones, sententiasque in iis contineri quæ ad diversissima sæcula pertinere debeant. Homerica carmina novissimæ et immaturæ societatis signum evidentissime præ se ferunt. Simplicia et unius generis elementa. Contra, Indorum heroica carmina societatem non tantum adultam, sed quodam modo jam senescentem tradunt. Illud Wolfii propositum, quo homerica poemata non unius hominis, sed plurimorum rhapsodorum opera essent (quod prout ad Græcos attinet auctoritatem perdidit), non tam, si de Indis agitur, nobis videtur rejiciendum. Etenim si præcipua quæ in illis poematibus elementa requiras, quatuor reperies : 1° Cosmogoniæ et theogoniæ imagines, quæ in Indorum societatis incunabulis jam viguerant; 2° memoriam bellorum quæ inter gentes exstiterant, et e quibus ordinum diversitates et Manus institutiones initium cœperant; 3° animi affectus, molles rerum amores, somnia, desideria, naturæ contemplationem, quæ a nostro hodierno ingenio non adeo differant; 4° pyrrhonismum, scepticas sententias, quemdam *Logicorum* regem, quæ omnia ad religionem jam deficientem pertinere videntur. Simul, in orbis origine et in philosophiæ limine versaris; et eæ rationes inter se vehementer repugnantes præcipuam indicorum carminum indolem ostendunt. Quæ vulgo tradita sunt jam philosophiæ velamine operiuntur. Apud Indos, Homerum et Platonem in eodem libro fusos invenies.

Quod ad formam attinet, eodem modo quo deorum imagines, plurima brachia, colla, capita habent, quibus omnes orbis partes attingere queant, sic heroicum carmen episodia quocumque producit. Ista poemata in infinitum extenduntur. Suum vero ingenium temperare, actionem reprimere, et in compositione quadam coercere rarum est. Ea vi quæ sibimet jugum et limitem imponit indica poesis omnino caret. Partibus partes adjunguntur; et sine ullo nexus damno plures omittere fas est. In æternitate sola vere Gordianus actionis nodus discerpi potest. Ubinam autem carminis focus et centrum, cum ex quacumque operis parte totum novum carmen facillime efficiatur? Ars vera ut adsit, limitibus, finibus, circumscriptione indiget. Quæ virtutes planissime Indorum carminibus desunt. Plus somniis quam consilio dederunt. Sicuti legum institutio et religio, similiter heroicum carmen *Pantheismo* nititur. Summa hæc est Indorum ars poetica.

Genus dicendi ex actione et dispositione operis sumendum, ubertate et amplissima rerum copia, naturam Asiæ ipsam amplecti conatur; inde efficitur differentia, qua indica carmina a nostris medii ævi heroicis præsertim dijunguntur, quæ propter verborum paupertatem et jejunam musam vix res attingere possunt. Si poesi satis esset naturam imitari, grandiloquum illud dicendi genus palmam sine dubio habuisset, quum magnificentiam et asiaticæ creationis beatissimam facilitatem reddat et ornet. Unum tantum deest modus scilicet et cura.

Naturam ipsam videmus, sine ulla mentis humanæ disquisitione. Sub imaginum, colorum, figurarum ubertate, humani affectus quasi rerum pondere sepulti sunt. Sæpissime in illo dicendi genere homo ipse abest, natura externa sola manet. Attamen, aliquando forma nuda est et simplex, quasi in umbra immensæ sylvæ repente hominis vocem audias.

Quibus rebus exquisitis, hæc prima redit quæstio: anne sit Homerus noster a Valmice aut a Vyasa e regno expellendus? Primum, ea mihi semper nimium cæca visa est consideratio quæ opera operibus evertere cupit. In mente humana, Orientis et Occasus poesi satis loci patet. Deinde, Homero nemo nocere potest. Quid si hæc novissime reperta poesis, græci poetæ artem et consilium multo magis in aperto ponat? Quippe apud ultimi sæculi litterarum doctissimos, Homerus præsertim, ut naturæ solius discipulus valuit. Hodie autem ultra Homeri columnas multo uberiorem et tumidiorem poesin attingimus, in qua humanitatis locum natura occupat. Pridie Homerus, utpote ex Asia oriundus, poeta copiosior plurimis videbatur. In eo nimia et redundantia fastidiebant. Hodie, suo indico fratri quum comparandus sit, nemo est qui non videat illum toto animo societatis nostræ occidentalis filium esse amantissimum. In litterarum historia ordo et perspectus mutantur. Græcum ingenium a nobis non tam longinquum apparet, quum indicum in extremo terrarum et temporum orbe prospiciamus. Orientem inter et Occidentem Homerus sublimis mediator esto!

Tertia poesis forma, id est drama, non Indis defuit, attamen ad multo seriorem ætatem refertur. Septem aut octo sæcula inter Rameidem et indicam tragœdiam supponere necesse est. Illius generis princeps habetur Calidasas.

Si societatem quam Epici imitantur societati quam drama repræsentat, comparare velis, nulla diversitas in promptu est. Ordines et gradus sicuti in Rameide, vides intactos. Si autem diligentius rem introspicias, monarchiam e sacerdotum vinculis evasisse pro certo capies. Regis imperium in tuto est; ei tributum sacerdotes impendunt.

Indorum artem scenicam e sacris rebus primam originem traxisse certum est. Nonnulli autem cum hellenica arte eam comparare voluerunt, et Aristotelis leges in Calidasa invenerunt; Herderus quidem talia primus somniavit, immerito sane. Non enim á choro ut attica tragœdia exordium cœpit indicum drama. Lyricus afflatus, in omnes operis partes et personas, non in chorum tantum ut in vas sacrum effunditur. Ubique redundat. Si huic dramatis generi quamdam similitudinem quæras, id cum nullis aliis nisi cum *Shakspearii* fictis poematibus, et fortasse cum *Calderonis* sacris actibus comparari potest.

Indici autem dramatis præcipua persona nullum cum *Hamleto* aut *Fausto* consortium habere potest. Quæ enim alias in scena indica longe antecellit, virgo est quædam, nomine Sacontala, cui in sylvarum secessu cum cervis et floribus vita communis est; in templo aut in horto sacerdotis, sacrificia ornat; humum aqua sacra aspergit. Procul ab omni orbis et societatis strepitu sub umbra lucorum, ipsa florum regina, nocte dieque requiescit. Nonne ea persona indicarum gentium indolem et imaginem verissime expressit?

Non in sacrorum librorum numero dramata continentur. Nulla est ibi sacerdotis propria auctoritas. Unicuique Indorum ea legere, videre licet; ita ut ad profanas litteras omnino pertineant. Ea autem differentia non tam e fortuito casu quam e natura rerum sumenda est, ut in commentatione mea, gallico sermone exponere sum conatus.

Indorum tragœdia virtutibus pollet quæ non pantheismo repugnant. Personæ non tam veram vitæ quam somniorum divinorum imaginem referre videntur; solemnia poesis fantasmata quæ in æternæ substantiæ sinu simul apparent et evanescunt. Unum enim tantum in illo dramatis et philosophiæ genere possibile est, æternum Dei soliloquium.

E quibus et talibus rebus exquisitis, tres poesis formas, lyricam, epicam, dramaticam, apud Indos valuisse, patet; ea carminum genera non eodem tempore viguerunt, sed eodem ordine distributa sunt quo apud alios populos, et is ordo, quid est?

profecto universalis artis lex. Orpheus, Homerus, Sophocles, apud Græcos; Vyasas, Valmices, Calidasas, apud Indos, tres artis, historiæ, religionis et rei civilis ætates ostendunt. Eas inter ætates longa intervalla fuisse necesse est, quæ adhuc tenebris operiantur. Figuram tantum et poesis indicæ extremas lineas circumscribere licet. Id autem pro certo jam habere possumus, Indorum poesin, ut ita dicam, necessariis nervis et toto organo instructam fuisse.

Quæ dramatis fastigium secuta sunt tempora, doctissima carmina ediderunt et commentarios versibus compositos qui plerique *Purana* noncupantur; quas emorientes litteras usque ad octavum sæculum jam elapsum grammatici observare possunt. Quonam autem modo ad suam ultimam horam pervenerit poesis injudicatum relinquo. Fortasse sicuti græcæ litteræ apud Ptolemæos, nimiæ eruditionis pondere, similiter Indorum elatus spiritus paulatim suam totam vim perdidit. Ubinam autem Indorum Alexandria? Quæ doctrinæ, quæ disciplinæ erant? Hoc etiam tenebris adhuc circumfusum manet. Indica poesis Gangi flumini par est; illius origo ignota : plurimos autem rivulos inter paludes amittit.

Simul ac orientalis orbis in lumen magis prodierit, quænam auctoritas ei apud nos comparanda sit, tota quæstio manet. Artis indicæ indolem serio assequi et æmulari nemo, spero, in Occidento nostro tentabit. Una enim est illorum carminum lex, nullam agnoscere. Attamen ne illius poeticæ materiæ usus pro inutili et vano reputetur. Indicus enim fluctus antiquum humanarum rerum flumen auget. Aurum et gemmas secum volvit e quibus plurimum venustatis paupertas nostra trahere potest. Non leges, non doctrinas, non disciplinas, sed colores, ubertatem, rerum magnificentiam, et ut ita dicam, nova metalla quibus idearum forma adimpleatur, indico littore fortasso acquirere valemus. Oriens et Occidens, industriæ et commercii vinculo magis ac magis in unum conjunguntur; litterarum officio idem accidat necesse est. Non enim tantum Græciam aut Latium amplectitur hodie poeta, sed universum orbem mente humana compertum et devictum.

FINIS.

# TABLE

|  | Pages |
|---|---|
| Préface | v |

### INTRODUCTION A LA PHILOSOPHIE DE L'HISTOIRE DE L'HUMANITÉ (1825).

| | |
|---|---|
| Avertissement. | 3 |
| I. | 7 |
| II. | 17 |
| III. | 27 |
| IV. | 54 |

### ESSAI SUR LES ŒUVRES DE HERDER (1827).

| | |
|---|---|
| Avertissement. | 71 |
| I. | 73 |
| II. | 84 |
| III. | 99 |
| IV. | 110 |
| V. | 115 |
| VI. | 123 |

## TABLE

Pages

### EXAMEN DE LA VIE DE JÉSUS (1838).

| | |
|---|---|
| AVERTISSEMENT. | 139 |
| I. | 141 |
| II. | 175 |
| III. | 190 |
| IV. | 204 |
| V. | 216 |

LETTRE SUR KANT.. . . . . . . . . . . 233

### DE L'ORIGINE DES DIEUX (1828).

I. Comment se forment les dieux . . . . . . . . . . 241
II. Comment les dieux se transforment en poésie. . . . 256

DE L'AVENIR DE LA RELIGION (1831). . . . . 275

L'ÉGLISE DE BROU (1834). . . . . . . . 291

### THÈSE DE PHILOSOPHIE.

Essai d'une classification des arts (1839) . . . . . . . . 311

### THÈSE LATINE.

De indicæ poesis antiquissimæ natura et indole (1839) . . 333

---

Soc. d'imp. Paul Dupont. Paris, 41, rue J.-J.-Rousseau (Cl.) 340.8.82.

# TABLE

|  | Pages |
|---|---|
| Préface | v |

### INTRODUCTION À LA PHILOSOPHIE DE L'HISTOIRE DE L'HUMANITÉ (1825).

| | |
|---|---|
| Avertissement | 3 |
| I. | 7 |
| II. | 17 |
| III. | 27 |
| IV. | 54 |

### ESSAI SUR LES ŒUVRES DE HERDER (1827).

| | |
|---|---|
| Avertissement | 71 |
| I. | 73 |
| II. | 84 |
| III. | 99 |
| IV. | 110 |
| V. | 115 |
| VI. | 123 |

## TABLE

### EXAMEN DE LA VIE DE JÉSUS (1838).

| | Pages |
|---|---|
| AVERTISSEMENT | 139 |
| I. | 141 |
| II. | 175 |
| III. | 190 |
| IV. | 204 |
| V. | 216 |

LETTRE SUR KANT.............. 233

### DE L'ORIGINE DES DIEUX (1828).

I. Comment se forment les dieux .............. 241
II. Comment les dieux se transforment en poésie. ... 256

DE L'AVENIR DE LA RELIGION (1831)..... 275

L'ÉGLISE DE BROU (1834)........ 291

### THÈSE DE PHILOSOPHIE.

Essai d'une classification des arts (1839) ......... 311

### THÈSE LATINE.

De indicæ poesis antiquissimæ natura et indole (1839) . . 333

# SOUSCRIPTION NATIONALE DE 1876
## A L'ÉDITION DES ŒUVRES COMPLÈTES
# D'EDGAR QUINET

Les admirateurs du grand penseur et du grand écrivain que la France a perdu l'année dernière, ceux qui regrettent dans Edgar Quinet le patriote inébranlable comme l'éloquent et profond philosophe, jugeront tous, comme nous, que le pays qu'il a tant honoré doit un monument à sa mémoire, et que le monument le plus digne de lui serait la publication intégrale de ses œuvres.

Nous proposons donc à ceux de nos concitoyens qui partagent les sentiments que nous avons voués à ce mort illustre, l'ouverture d'une souscription pour aider à préparer et à commencer cette œuvre vraiment nationale.

Cette souscription serait fixée à 20 francs.

Il nous a paru qu'il conviendrait d'inaugurer la série des œuvres d'Edgar Quinet par la publication de sa correspondance inédite, qui ne saurait manquer d'offrir de précieux documents à l'histoire contemporaine. Les personnes qui enverront une souscription de 20 francs auront droit à recevoir *deux volumes de Lettres inédites*, et *quatre volumes des Œuvres complètes*.

EDMOND ABOUT, Publiciste; BARDOUX, Député; BATAILLARD, Publiciste; LOUIS BLANC, Député; H. BRISSON, Député; CARNOT, Sénateur; CASTAGNARY, Conseiller municipal; A. CRÉMIEUX, Sénateur; A. DUMESNIL, Publiciste; J. FERRY, Député; GERMER BAILLIÈRE, Conseiller municipal; HARANT, Conseiller municipal; A. MARIE; H. MARTIN, Sénateur; LAURENT-PICHAT, Sénateur; E. LEFÈVRE, Conseiller municipal; P. MEURICE, Publiciste; E. MILLAUD, Député; E. NOËL, Publiciste; E. PELLETAN, Sénateur; A. PRÉAULT; Dr ROBIN, Sénateur; SPULLER, Député; TIERSOT, Député; VACQUERIE, Publiciste; E. VALENTIN, Sénateur; VICTOR HUGO, Sénateur; VIOLLET-LE-DUC, Conseiller municipal.

## ŒUVRES COMPLÈTES D'EDGAR QUINET
### Trente volumes in-18 :
CHAQUE VOLUME SÉPARÉMENT : 3 fr. 50

**Philosophie.** — Génie des Religions. Origines des dieux. Les Jésuites. L'Ultramontanisme. Introduction à la philosophie de l'histoire. Essai sur Herder. — Examen de la Vie de Jésus. Le Christianisme et la Révolution française. Philosophie de l'histoire de France. La Création. L'Esprit Nouveau. Vie et mort du Génie grec.

**Histoire :** Les Révolutions d'Italie. Marnix. Fondation de la République des Provinces-Unies. Les Roumains.

La Révolution. Histoire de la campagne de 1815.

**Voyages.** — Critique littéraire. La Grèce moderne. Allemagne et Italie. Mes vacances en Espagne. Histoire de la Poésie. Épopées françaises. Mélanges.

**Politique et Religion :** Enseignement du peuple. La Révolution religieuse au XIXe siècle. Situation morale et politique. La Croisade romaine. La Sainte-Alliance en Portugal. Pologne et Rome. État de siège. Le Panthéon. Le Siège de Paris et la Défense nationale. La République. Le Livre de l'Exilé. Œuvres diverses.

**Poèmes :** Prométhée. Napoléon. Les Esclaves. Ahasvérus. Merlin l'Enchanteur.

**Autobiographie :** Histoire de mes idées. Correspondance.

Paris. — Imp. PAUL DUPONT (Cl.) 436 *bis*.7.95.

www.ingramcontent.com/pod-product-compliance
Lightning Source LLC
Chambersburg PA
CBHW050737170426
43202CB00013B/2281